중도의 길을 걸은 신민족주의자

안재홍

중도의 길을 걸은
신민족주의자

안재홍

| **김인식** 지음 |

언론인이자 역사학자이었던 천관우는 민세 안재홍을 "우리의 풍토와 역사적 조건 속에서 민족의 살길을 찾으려고 고심한 그 독자적인 사상, 외세 강점하에 전후 9차에 걸쳐 7년 3개월의 옥고를 겪은 그 도저到底한 행동, 이 모든 것이 선생의 상像을 우리 현대사에 있어 흔치 않은 민중지도자의 한 분으로 부각케 하고 있다."고 함초롬히 말하였다. 안재홍의 삶을 존경·실천하였던 한 지식인의 깊은 통찰과 자기 성찰이 담긴 적실한 평이라 생각한다.

안재홍은 한민족의 풍토와 역사 조건 속에서 신민족주의를 창안하였다. 이는 그 스스로 말했듯이, "기십년래幾十年來 몇 번의 철창 생활에서 어설픈 체험을 되돌아 뼈아프게 이를 검색"한 결정체이었다. 수많은 옥고를 치른 함석헌은 감옥을 "밧줄과 고랑과 철창으로 된 대학"·'인생대학'이라 표현하면서, 이곳에서 '한배움[大學]'을 얻었다고 말한 바 있다. 안재홍 역시 감옥 안에서 "현실의 세계를 온통 박탈당하고" "살이 빠지는" 온갖 고통을 겪으면서, "속은 점점 깊어가고 넓어가고 높아가는" 민중의 선구자로 거듭났다. 그의 사상은 책상물림으로 짜낸 관념론이 아니라 온몸으로 깨닫고 되살핀 실천론이었다.

'신민족주의'는 안재홍의 사상을 한데 묶는 핵심어이며, '초계급적超階級的 통합민족국가'는 신민족주의의 목표였다. 안재홍은 계급·이념의 대립을 걸러뛰어, 한민족 공동체가 하나를 이루어야 하는 역사의 과제에 맞닥뜨리어, 이를 풀어갈 방안으로 신민족주의를 주장하였다. 한 평생 민족의 자주독립을 위하여 살았던 그의 삶을 다시 한 마디로 말하면, 바로 '초계급적 통합민족국가'의 기틀을 다지려는 헌신이었다.

한국의 근현대사는 일본제국주의에 대항하는 민족해방운동의 과정에서 민족주의와 사회주의(공산주의)가 갈려나가 대립하였으며, 이를 극복하지 못한 채 8·15 해방 후 좌익과 우익이 다시 앙감질하며 격렬하게 투쟁하였다. 이로 인하여 외세가 강제로 그은 38도선은 민족분단으로 굳어버렸다.

한민족만이 지구상에서 마지막 분단국가로 남아 있는 오늘날, 동서분열, 계층 간의 갈등은 골이 깊어가고, 사회의 양극화 또한 더욱 심하여 '신빈곤층'이라 불리는 절대 빈곤층은 날로 늘어가고 있다. 민족통합은 여전히 한민족에게 가장 중요한 화두이다. 이러한 의미에서 중도의 길을 걸으며 '민족통합'을 실천한 안재홍의 삶은, 우리가 돌아보아 앞날의 지표를 제시할 반성의 자료가 된다.

안재홍은 3·1민족해방운동 이후 유입된 사회주의(공산주의) 사상·운동의 잘못을 여러 가지로 비판하였지만, 이를 민족해방운동의 한 갈래로 분명하게 인정하고, 함께 협동하여 민족해방을 달성하고자 하였다. 그는 식민지 조선이 서 있는 역사의 단계가 사회주의혁명이 아니라 민족혁명의 단계임을 강조하였지만, 일제가 내리치는 혹독한 탄압과 수난을 가혹한 '철창생활'로 함께 감당하면서 사회주의들에게도 가슴 뭉클한 '동지애'와 '우정'을 느꼈다. 그렇기에 신간회를 창립하는 데 앞장서, 이를 민족주의자와 사회주의자가 협동하는 민족협동전선의 몸통으로 발전시키려 노력하였고, 8·15해방 후에도 좌우합작운동을 추진하였다.

8·15해방 후 안재홍의 정치노선은 보통 중도우파로 분류된다. 해방정국에서 극우·극좌와 중도파를 가르는 가장 중요한 잣대는, 좌우협동을 실천하며 좌우연립정권을 지향하였느냐에 있었다. 이는 좌·우가 어떤 비율로 권력을 나누어 갖느냐 하는 차원을 넘어, 미국·소련이라는 외세가 한국문제를 좌우하는 규정력에 어떻게 대응하느냐는 민족문제이었다. 중도파는 남·북이 미국과 소련에게 분할·점령된 상황에서 미·소 어느 한쪽에 치우쳐 쏠리지 않는 통일정부를 수립하려면 좌우연립정부를 세워야 한다고 인식하였다. 중도좌파인 여운형이 이러한 시대의식에 철저하였음은 다 아는 바이다.

안재홍도 민족주의자와 공산주의자가 마땅히 협동해야 한다는 '민공협동民共協同'을 주장하였다. 그는 민족주의 주도권을 전제하였지만, 좌우협동을 일관되게 추진하였다. 그는 '좌익'이라는 정치세력을, '협동'하여 '초계급적 통합민족국가'를 함께 건설할 다른쪽의 한짝counterpart으로 인정하였다.

8·15해방 후 안재홍은 건국준비위원회가 인민공화국으로 내달리자 이를 탈퇴하였지만, 인민공화국을 타도해야 할 '대상'이 아니라 끌어안아야 할 '상대'로 보았다. 그의 중도우파 노선이 이승만·한국민주당·중

경임시정부 계열의 보수우익과 뚜렷이 갈리는 차이점은, 민족통일전선의 시의성時宜性을 인식하여 좌우협동을 꾸준히 실천하였다는 데 있었다. 여기에 해방정국을 계급의 대립·갈등으로 휘몰아간 극좌·극우와, 민족의 통합·통일을 첫 번째 과제로 설정한 중도파의 갈림길이 있었다.

안재홍은 "진정한 민주주의는 공산주의에 대한 자기식별이다."라고 잘라 말하면서, 공산주의와 진정한 민주주의를 구별하였지만, 자본민주주의의 한계도 충분히 인식하였다. 그는 공산주의 국가를 배격하였지만, 공산주의가 인류사회의 불평등을 수정하기 위하여 출현한 역사성을 인정하였으므로, 노동자·농민 등 대중의 경제평등을 주장하는 의의를 긍정하였다.

안재홍은 폭력 행동으로 공산정권을 세우려 한다면, 이는 국가권력을 동원해 분쇄해야 한다고 다시금 단호하게 주장하였다. 그러나 자신의 사상 체계와는 다르더라도, 사상·주의의 형태로서 공산주의는 존재할 수 있으며, 공산주의가 순수한 주의나 사상운동으로 '미래의 정권'을 지향한다면 합법성을 인정해야 한다고 생각하였다. 안재홍은 "사상과 주의는 사상과 주의로써 조직선전을 통하여" 대결함이 근본대책임을 믿었으며, 폭력은 '지대한 민족적 불행'을 초래한다고 강조한 진정한 자유민주주의자이었다. 그는 신민족주의의 자신감으로 공산주의까지 끌어 껴안으려는 용공론자容共論者이었다.

'9차례 7년 3개월'이라는 참으로 견디기 어려운 긴 옥고를 치르면서도, 안재홍이 되찾고 싶었던 나라는 3천만 겨레가 하나 되는 '초계급적 통합민족국가'이었다. 그러나 두 극단의 이데올로기가 지배함으로써 분단된 한국의 현대사는, 이데올로기보다 민족을 앞세웠고 분열보다는 통합을 추구하였던 안재홍의 삶과 거슬러 나갔다. 이것이 민족분단이 아주 굳어버린 중요한 원인이었다. 구 소련이 무너지자 호도깝스러운 사람들은 냉전체제가 끝났다고 선언하였지만, 한국의 현실은 아직도 광신에 가까운 냉전논리와 반공논리가 주류를 이루며 민족통합을 가로막고 있다.

안재홍의 국가론도 다시 새길 필요가 있다. 공산주의가 붕괴했다고 부르대는 오늘날, 과연 자본주의는 자체의 모순을 수정할 수 있는 탄력성을 얼마나 지녔는가. 국가는 공공선公共善을 실천하는 주체이므로 국가권력이 사회개혁을 실행함으로써 사회정의를 실현하고, 근로대중의 안정에 중심을 두어야 한다는 신민족주의는, 모든 경제 행위를 시장의 결정에 맡기자며 시장 근본주의를 부르짖는 신자유주의 이념에 반성을 촉구한다.

언제부턴가 한국사회에 '중도노선'으로 몸을 가리고 나타난 신자유주의는, 빈부의 격차를 극심하게 벌려 놓고 중산층마저 몰락으로 내리닫게 하였다. 이 점에서 민족통합을 최우선의 과제로 내세운 안재홍의 신민족주의 이념과 정치노선은 '진정한 중도의 길'이 무엇인지를 다시 생각하게 한다.

이 책은 민세 안재홍의 생각과 삶을 살펴볼 목적에서 썼다. '삶' 속에 생각이 따라붙겠지만, '생각'을 따로 덧붙여 강조한 이유가 있다. 안재홍은 민족의 독립을 위하여 행동한 지사·실천가였을 뿐 아니라, 새로운 국가건설의 이상과 구체안을 체계화한 이론가·사상가이었다. 물산장려운동·신간회운동 그리고 8·15 해방 후 국가건설운동에서 보듯이, 그는 자신의 민족(주의)운동을 이론으로 뒷받침하였고, 이를 '신민족주의'로 웅숭깊게 표현하였다.

이 책은 안재홍의 삶을 연대기로 그리는 데에 그치지 않고, 그의 행동의 바닥에 깔려 있는 생각·사상도 함께 서술하려 노력하였다. 그의 삶에서 '도저한 행동'은 '독자적 사상'을 함께 보아야 비로소 이해할 수 있다.

오는 3월 1일은 민세 안재홍의 41주기이다. '중도'를 걸으며 험난한 한국근현대사를 헤쳐나간 신민족주의자 안재홍. 이 책이 그의 삶을 온전히 표현하기에는 많은 점에서 부족하지만, 민족해방과 통일민족국가 수립의 과정에서 그가 올곧게 걸어간 '중도의 길'을 되새기는 데 작은 도움이 되었으면 한다. 민세의 41주기에 맞추어 책이 나올 수 있어 글을 쓴 보람이 더 크다. 안재홍을 공부하는 한 사람으로서, 그의 생각과 삶을 소개할 수 있는 기회를 주신 독립기념관 독립운동사연구소의 이정은·이명화·김형목 선생님을 비롯한 여러분들께 감사드린다. 아담하게 책을 꾸며주신 역사공간의 주혜숙 선생님께도 감사의 말씀을 드린다.

2006년 2월 15일

신간회 창립 79주년에 김 인 식

차례

'민세'로 아호를 짓다

농촌의 중산계급으로 태어나 민족의식에 눈뜨다

안재홍은 1891년 12월 30일(음력 11월 30일) 경기도 진위군(현 평택시) 고덕면 두릉리에서, 순흥 안씨順興安氏 윤섭允燮과 남양 홍씨南陽洪氏의 9남매 가운데 2남으로 출생하였다. 3·1 민족해방운동이 일어날 당시, 사과나무가 열매를 맺는 수백 평의 과수원이 후원을 이룰 만치, 그는 '조선 농촌의 중산계급'으로 태어나 자랐다. 그의 4형제가 부모의 재산을 나누어 각기 농장을 소유할 만큼의 재력이 그의 계급 기반이었다.

안재홍에게 두릉리는 어린 시절 뛰어 놀던 자연 이상의 의미를 지닌 곳으로, 그는 이곳에 올라 민족의 현실을 배웠다. 두릉리는 평원과 구릉 지대에 있으므로, 해발 수백 척의 산마루에 오르면 수 백 리의 산하가 두루 보였다. 안재홍의 부친은 명절 때 월명산(두릉리의 남산) 남쪽의

안재홍의 생가 전면

경기도 평택시 고덕면 두릉리 646, 경기도 향토문화재 135

선영에 성묘할 적마다, 어린 재홍에게 "저어기 저 갓모같이 보이는 산이 이 충무공의 산소 있는 산이니라."고 일러 주었다. 이렇게 탁 트인 산마루에 올라 아버지는 어린 아들에게 민족의식을 일깨우곤 하였다. 근왕勤王 사상이 풍부한 그의 할아버지도 어린 재홍에게 많은 감화를 주었다.

안재홍은 두릉리에서 자라며, 옛날에 일어났던 병란兵亂과 갑오농민전쟁·청일전쟁의 이야기를 들었고, 러일전쟁을 눈으로 겪었다. 2005년 2월 천안까지 내려가는 수도권 전철이 개통되어 이제 항시 서정리 역을 거쳐 지나가지만, 얼마 전까지 하루에 네 차례 기차가 머물던 서정리 역은, 한적한 시골 두릉리에 도회지의 사정과 나라가 흥망하는 소식이 들려오는 들머리였다.

『대한매일신보』 창간 당시의 편집국과 기자들(1904)

안재홍이 6·7세 되던 무렵(1896~1897년) 두릉리 가숙家塾에서 한문을 배우기 시작했다. 이 당시 인사들이 다 한문을 잘 했지만, 그에게 한문은 매우 중요한 정신의 자산이었다. 뒷날 정인보와 단둘이 4년만에 정약용의 문집인 『여유당전서與猶堂全書』를 교열하여 간행한 예에서 보듯이, 그의 한문 실력은 우리의 역사와 정신사를 캐어 밝히는 힘이었다.

안재홍은 이미 7·8세에 '우국憂國사상'이 무엇인지 깨닫기 시작하였다. 서울을 빈번하게 왕래하던 그의 부친은 당시 『황성신문』·『독립신문』의 독자로 새로운 사조에 눈뜬 식자였다. 그는 아버지의 시국담을 들으며 민족의 현실을 보는 눈을 떠나갔다. 12·13세 되던 해 그는 월명산에 올라선 적이 있었다. 이때 경부철도의 열차가 시커먼 연기를 뿜으면서 기적소리를 우렁차게 지르며 줄기차게 내닫는 모습을 보고, 어린 마음에도 외세의 침략에 긴 한숨을 내쉬었다.

초창기 신문사 직원들의 모습

안재홍은 일제가 조선에 설치한 철도가 민족 근대화의 동맥이 아니라, 일제 침략의 발판을 닦는 약탈 수단임을 어린 나이에 벌써 꿰뚫어보았다. 최남선은 『경부도 노래京釜鐵道歌』(1908)에서 경부철도로 근대문명·신문명이 도래하였다면서 감격스럽게 이를 찬양하였다. 이광수는 철도를 근대화의 상징으로 칭송하는 데에서 더 나아가 일제 침략을 미화하였다.

이미 이때부터 안재홍은 최남선·이광수와 민족현실·민족사를 바라보는 시각을 달리 하였다. 이러한 바탕의 차이는 1920년대 들어가 비타협 민족주의(안재홍)와 민족개량주의(최남선·이광수)라는 운동노선의 차이로 드러난다. 어린 재홍에게 '반항의식'이 솟아오름은 자연스러운 일이었고, 그는 이를 민족의식으로 키워나갔다.

15세가 되던 1905년, 안재홍은 화성군의 부유한 농가의 무남독녀인 경주이씨慶州李氏 정순貞純과 화촉을 밝혀 새로운 인생을 시작하였다. 그러나 바로 이해 한민족은 외교권을 강탈당함으로써 사실상 주권을 잃고 망국의 길로 내리닫고 있었다. 11월 17일 「을사늑약乙巳勒約」이 체결·조

한일협약(을사늑약)을 체결한 원흉들

한일신협약(정미7조약)을 체결한 원흉들

인되자, 『황성신문』은 신문사 사장 장지연이 쓴 「시일야방성대곡是日也放聲大哭」이라는 논설(11월 20일자)로 항거하며, 이를 전국에 알렸다. 민영환 등이 자결함으로써 저항하였고, 홍주의 민종석 부대를 비롯하여, 전국 각지에서 크고 작은 의병 항쟁이 일어났다(을사의병).

「을사늑약」이 체결되기 전후, 안재홍은 두릉리의 사랑방에 출입하던 사람들에게서 '사랑 공론公論'으로 비분강개하는 시국담을 매일 들었다. 16세 때인 1906년, 그는 홍주 의병이 한나루(漢津, 아산만) 하나가 가로막힌 바로 근처에서 순국·전멸하였다는 비장한 소식을 들었다.

홍주 의병이 홍주성을 함락시켜(1906. 5. 19) 기세가 높아가자, 일제는 이토 히로부미伊藤博文가 직접 지휘하여 1906년 5월 31일 오전 2시 30분에 홍주성을 공격하기 시작해 오전 7시 30분에 홍주성을 탈취하였다. 불과 5시간 동안 감행한 이 잔혹한 공격으로, 의병과 민간인을 합쳐 약 1,000여 명이 살해되었고, 홍주성 주변 10리 이내의 농토가 모두 초토화되었다. 이렇게 조국이 무너져 가는 모습을 보고 들으면서도, 그는 여전히 한학 서당에서 글을 배우며 충의지사忠義之士·충효지도忠孝之道에 열렬히 감격해 하는 전통에 젖어 있었다.

그러다 17세 되던 1907년, 안재홍은 한문 수학을 중단하고, 이른바 신학문을 배우기 시작하였다. 유교 사상에 머물러 있던 그에게, 그의 부친은 신학문의 길을 제시하였다. 이해 봄 안재홍은 부친의 명에 따라 서당을 그만두고, 평택의 사립진흥의숙私立振興義塾에 입학하였다. 그러나 그는 학교의 분위기에 실망하여 곧 그만두고, 다시 기독교회에서 경영하는 수원의 사립학교에 입학해 단발하고 수학하였다. 그는 이곳에서 서너 달

배우는 동안 진흥의숙 때와는 달리 수업에 만족하였고 애국심·애국사상도 높아갔지만, 아버지의 결단에 따라 다시 서울행을 결심하였다.

이 무렵 일제는 국권을 회복하려는 대한제국의 가냘픈 노력조차 위력으로 짓밟고, 조선을 병탄할 계획을 추진해 나갔다. 통감 이토 히로부미는 헤이그 밀사 사건의 책임을 추궁하며 고종에게 퇴위를 강요하였고, 마침내 1907년 7월 20일 황태자 섭정攝政의 조칙詔勅을 '양위讓位'로 왜곡·발표한 뒤 양위식을 강행하였다.

7월 24일 일제는 조선을 병합하기 위한 마지막 조치로 「한일신협약」(일명 「정미7조약」)을 강제 체결하였다. 이에 따라 한국정부의 시정권(행정권)·법령제정권·관리임명권이 모두 통감의 권한 아래 놓이었고(지도·승인을 받게 함), 이제 대한제국은 이름만 남게 되었다. 이어 8월 1일 서울부터 군대해산을 결행함으로써 대한제국의 마지막 숨통을 끊었다. 군대해산과 함께 대한제국도 사실상 해체되었다.

조국이 멸망하는 모습을 지켜보며 안재홍은 상경하였다. 고향에서 100여 리밖에 떨어지지 않은 곳이었지만, 그는 17세나 되어서 서울 땅을 처음 밟았다. "독립협회운동 이래 뜻 있는 지사들이 모두 그곳에 있으니, 거기로 가서 고명하신 사상과 학문을 배우라."는 부친의 뜻에 따라, 작정하고 황성기독교청년회YMCA 중학부에 입학하였다. 당시 YMCA에는 월남 이상재·한서 남궁억·좌옹 윤치호 등이 출입하였고, 많은 민족지도자들이 모이었으므로, 안재홍은 긍지를 가지고 3년간 신학문을 배웠다.

20세 되던 1910년 안재홍은 황성기독교청년회 중학부의 졸업반이었다. 이해 그는 국한문으로 저작 또는 번역되었던 각국의 흥망사, 이를테면 『미국독립전사美國獨立戰史』·『서사건국지瑞士建國誌』·『월남망국사越南亡國史』·『이태리건국삼걸전伊太利建國三傑傳』·『파란국말년전사波蘭國末年戰史』 등과 정치·외교 서적을 독파하였다. 또 당시 신진지도자들이 '사상의 경전'으로 존중하던 량치차오梁啓超의 저작 『음빙실문집飮氷室文集』·『자유서自由書』에서 필요한 부분을 꼼꼼히 읽어 나갔다.

방학을 맞아 향촌에 내려 와 있던 1910년 8월 30일 저녁, 외출하였던 안재홍의 부친이 '초연蕣然'하게 집으로 돌아와 대한제국의 마지막 소식을 전하였다. "서정리를 나갔더니 한일합방 조서詔書가 나왔는데… 흐! 그예 망하였고나!" 8월 22일 총리대신 이완용과 통감 데라우치 마사타케寺內正毅가 "한국 전부에 관한 일체의 통치권을 완전 또 영구히" 일본왕에게 양여讓與한다는 「한국병합에 관한 조약TREATY REGARDING THE ANNEXATION OF KOTEA TO THE EMPIRE OF JAPAN」을 조인하였다.

일제는 한민족의 저항을 예상하여 이를 즉시 공표하지 않다가, 8월 29일에 와서야 27미터 간격으로 헌병·순사를 배치해 놓고 「일한병합조약안」을 함께 공포하였다. 이로써 조선왕조는 건국 이후 27대 519년으로 종언을 고하였다. 29일 공포된 이 망국의 소식을 안재홍은 하루 건너 30일에 접하였다.

청년의 기개와 포부를 '민세' 두 자에 담다

망국의 치욕스러움. 안재홍은 너무도 우울하고 암담한 분위기를 견딜

1911년 도쿄 유학시절 독사진

수 없어 미국으로 떠나려 했다. 당시 모든 우국청년들이 그러했듯이, 그도 마음 잡을 길이 없었다. 그렇다고 쓰러진 조국을 방관할 수도 없었다. 안재홍은 나라를 구하겠다는 비장한 결의를 다지며 미국으로 건너가 공부하겠다고 결심하였다. 양복을 지어 입고 큰 가방을 사들이며 서둘렀다.

안재홍은 자신을 다줘며, 이상재를 찾아가 "머지않아 압록강을 건너 걸음걸음 미주로 향하겠다."는 결단을 알렸다. 그러자 이상재는 "기초 지식 없는 터에 즉시 미국을 가더라도 동양 사정과 일본의 국정에 어두워서는 안될 것이니, 먼저 일본에 가게…"라고 충고하였다. 시골에서 뒤쫓아 올라온 그의 부친도 "이 다음에는 어찌되었든… 일본 유학이나 가라"고 권유하였다.

안재홍은 이상재와 부친의 말씀에 따라 1910년 9월 도쿄로 향했다. 그는 먼저 어학을 준비하기 위하여 아오야마青山 학원에 입학하여 약 1년간 공부하였다. 이 학원은 당시 조선인 유학생 대부분이 어학연수를 하던 곳이었다. 연수를 마친 안재홍은, 1911년 9월 도쿄의 와세다早稻田 대학 정경학부에 입학하였다. 같은해 10월 27일 그는 최한기·서경묵 등과 함께 도쿄에서 조선인유학생학우회朝鮮人留學生學友會를 창립하였다(회장 신익희).

대한흥학회大韓興學會(1901년 1월 결성)의 뒤를 이은 조선인유학생학우

와세다 대학 유학시절 '장군을 보내며(送張君)' 기념촬영(1911년 11월 20일, 맨 오른쪽이 안재홍)

회는 유학생이 조직한 단체 가운데 세력이 가장 커 유학생 전체를 통괄하는 중추기관이었다. 이 단체는 종래의 도별道別 유학생 구락부俱樂部의 총단결을 목적으로 조직되었는데, 모든 유학생은 이에 가입할 의무가 있었다. 만약 학우회 회원과 교제가 없는 자는 '국적國賊' 또는 '일제의 개'로 지탄을 받을 정도였다.

유학생학우회는 정기총회·임시총회·웅변회·졸업생축하회·신도래新渡來학생환영회·운동회 등을 개최하여 배일排日사상과 민족의식을 고취하였다. 기관지 『학지광學之光』은 매호 600~1,000부씩 발간되어, 유학생뿐 아니라 국내와 서북간도西北間島·미주美洲의 한인 사회에도 배포

와세다 대학 유학시절
앞줄 맨 오른쪽이 안재홍

되어 민족해방을 선도하는 계몽지의 구실을 하였으므로 번번이 발매·반포 금지를 당하였다. 1919년 적의 수도인 도쿄 한복판에서 조선인 학생들이 2·8독립선언을 외칠 수 있었던 용기는 이와 같은 조직의 기반이 있었기 때문이다.

이 무렵 1911년 10월 중국에서 신해혁명(일명 제1혁명)이 일어났다. 우한武漢에서 폭발한 이 혁명은 순식간에 전국에 퍼져, 불과 1개월 이내에 거의 모든 성이 호응하였다. 1912년 1월 1일에는 쑨원孫文을 임시 대총통으로 추대하여 난징南京정부를 수립하였고, 쑨원이 제창한 삼민주의三民主義를 지도이념으로 삼아 중화민국을 발족시켰다. 신해혁명으로 청

나라는 마침내 멸망하였다. 이로써 중국은 2,000년간 계속된 전제정치를 끝내고 민주공화정으로 전환하는 새로운 변혁의 단계에 들어섰다.

신해혁명에 전 세계의 이목이 집중하였고, 도쿄의 조선인 유학생들도 술렁이었다. 시국에 민감한 식민지 조선의 유학생들이 이에 관심을 기울임은 당연한 일이었다. 이들은 유학생 단체를 중심으로 들썽거리며 의견을 나누었고, 중국혁명에 유학생 대표를 파견하기 위하여 자금을 모았으나, 유학생 가운데 친일 스파이가 밀고하여 중도에 그치고 말았다. 이 일로 안재홍은 헌병대에 불려가 하룻밤 동안 을러 딱딱거리는 소리를 들었으나, '나이가 어린 꼬맹이 지사'라는 '아름다운 모멸' – 안재홍 자신이 표현한 바 – 을 받고 훈계 방면으로 무사히 나왔다.

21세 때인 1911년, 안재홍은 이름 앞에 항상 따라 다니며 그를 가리킬 '민세民世'라는 아호雅號를 지었다. 누구나 자신의 삶의 방향을 결단하여 아호를 짓듯이, '민세'는 그의 온삶에서 아주 중요한 의미를 지닌다. 그는 21세의 청년이 가슴속에 품은 '심히 장대한 기개와 포부'를 표현하는 데에는 아무래도 '민세' 두 자밖에 없었으므로 스스로 '민세'라 호하였고, 이를 '민중의 세상'이라 뜻을 풀었다. 아마 와세다 대학에 입학할 무렵, 안재홍은 자신의 '기개와 포부'를 '민세' 두 자에 담아 평생 일관할 이상과 인생의 모토로 삼았다.

안재홍이 말하는 '민중의 세상'이란 무슨 뜻일까. 여기에는 민중을 위하여 살겠다는, 또 민중을 깨우치어 이끌어나가겠다는 의지와 결단이 담겨 있었다. 안재홍이 자신의 호의 의미를 설명한 40세 때, "누구의 영향을 가장 많이 받았습니까"라는 한 잡지사의 질문에 "일생을 일관한 실제 투쟁가이자 또 우월한 이론적 지도자로 된 민중의 선구자가 제일 많이 나를 감화시킬 것입니다."고 답한 데에서 보듯이, 그는 '민중의 선구자'가 되기를 원하였다. 이 의미는 '처세신조'를 묻는 한 잡지의 질문에 "늘 민중과 함께 가도록 하라 즉 민중이 함께 일을 하도록 하라."고 답한 데에서 잘 알 수 있다.

안재홍은 민중을 역사의 주체로 보지 않았다. 민중은 그가 계몽·구원해야 할 객체였다. 그는 역사를 창조해 나가는 주체를 '비판적 지성'으로 설정하였다. 이 점에서 그의 계급 기반은 분명 소부르주아지였다. 그가 노동자·농민들을 민족해방운동, 나아가 국가건설운동의 주체로 조직화하지 못한 한계에는, 이러한 역사인식에도 원인이 있었다.

그러나 안재홍은 역사를 보는 자리[視座]를 민중에게 두었다. 그는 공산주의자가 결코 아니었지만, 민족사회의 계급모순을 인정하였고, 이를 민중의 처지에서 바라보아 해결하려 하였다. 뒷날 그가 제창하여 완성시킨 신민족주의 이념은, 국가가 근로대중의 삶의 기초를 정치·경제·문화 등에서 반드시 보장해야 한다고 강조하였다. 국가의 부富가 한 계급에 편중된 사회구조는, 피를 흘리는 폭력혁명을 유발시키고, 결국 한 사회의 생산성을 메마르게 한다고 경고하였다. 그는 국가가 민중의 기초생활을 안정시키는 '부의 균등'이 이룩되어야 한다고 믿었다. '민세'라는 호에는 이러한 지향점이 담겨 있었다.

한편 중국에서 일어난 신해혁명의 불길은, 베이양 군벌北洋軍閥의 위안스카이袁世凱가 쑨원에게서 대총통大總統의 지위를 탈취한 뒤, 1912년 3월 대총통에 취임하여 베이징 정부를 조직하면서 급격하게 반反혁명으로 진행되었다. 이에 위안스카이에 저항하는 제2혁명이 일어났다. 그러나 위안스카이는 자신을 토벌하려는 군대[討袁軍]를 무력으로 진압하고, 이해 10월 정식으로 초대 대총통에 취임하였으며, 이어 국민당을 해산시키고 대총통선거법을 개정하여 독재체제를 확립하였다. 이로써 제2혁명은 실패하고 말았다.

중국이 혁명과 반혁명으로 소용돌이치던 1912년 한 해를, 안재홍은 와세다 대학에서 학업에 정진하였으나, 제2혁명의 소식은 23살의 뜨거운 청년을 책 안에만 가두어 놓지 않았다. 그는 중국의 현실을 교훈 삼아 새로운 돌파구를 찾아보고자 하였다. 와세다 대학 3년생으로 진급하던 여름, 안재홍은 배를 타고 상하이에 건너가 난징·한커우漢口로 갔다. 그러나 아직 소란한 까닭에 다시 뱃길로 칭다오靑島를 경유해서 지난濟南·텐진天津·베이징·산하이관山海關 등을 두루 거쳐, 선양(瀋陽: 옛이름 奉天)을 돌아 안봉선安奉線으로 안동현安東縣을 지나 서울로 돌아왔다.

안재홍은 중국을 여행하던 중, 혁명단체 동제사同濟社(1912년 7월 상하이에서 조직)를 주도하고 있던 신규식·조소앙·신채호 등을 만났고, 이 비밀결사에 가입하였다. 이를 보면, 아마 그는 망명하여 혁명운동에 직접 참여하기 위해 중국행을 결심한 듯하다. 그러나 상하이에서 만난 많은 혁명 선배와 동지들의 "빈곤이 자못 딱"함을 보고, 경제 토대가 없는 해외운동보다 국내투쟁에 주력하기로 다짐하였다. 이후 그는 망명하지 않고 줄곧 국내투쟁에 전념하였다.

첫 번째 옥고를 치르기까지

1914년 여름 안재홍은 24살의 나이로 와세다 대학 정경학부를 졸업하고 귀국하였다. 그는 해외 유학을 마친 신지식인의 '기개와 포부'를 갖고, 침체되어 있는 식민지 조선사회에 무엇인가 파문을 던지려 하였다. 그는 1살 연배인 최남선이 운영하는 신문관新文館에 자주 출입하면서 최남선과 상의하며 자금을 조달하려 하였다. 아마 최남선과 협력하여 문화사업을 일으킬 뜻을 품었다고 보인다.

최남선은 1906년 3월 두 번째로 도일渡日하여 와세다 대학 고등사범부 역사지리과에 다니다가 중퇴한 뒤, 1908년 귀국하여 자택에 신문관이라는 출판사를 세워 계몽운동을 일으키던 중이었다. 여기서 1908년 11월 한국 최초의 근대식 잡지이자 월간지이며 종합잡지인 『소년』을 창간하고, 이어 『아이들보이』(1913년 9월 창간)·『붉은 저고리』(1913년 1월 창간)·『새별』(1914년 9월 창간)·『청춘』(1914년 10월 창간) 등의 잡지를 잇달아 발간하였다. 최남선은 신문관을 매체로 삼아 여러 분야의 교양 서적을 출판하고, 한국의 신문학과 신문화에 크게 공헌하고 있었다.

안재홍이 귀국한 때는, 아동잡지인 『새별』이 발간 중이었거나, 사실상의 본격 종합월간지인 『청춘』이 발행을 앞둔 시점이었다. 그는 집안의 재력에 자신이 있었는지 최남선의 계몽운동에 나름대로 자본을 대면서 참여하고자 하였다. 이를 위해 집안의 전 재산을 저당 잡힐 요량으로 부친을 설득하였으나, 부친은 그의 '치기稚氣'를 일소에 부치고 응답하지 않았다.

안재홍은 가족들이 자신의 뜻을 이해하지 못함에 분개하며, 자신이 물려받은 재산만큼은 죄다 훑어 넣어 무엇이든 해 보겠다고 호기를 부렸다. 그는 자신의 명의로 되어 있는 토지 문권文券을 들고 사업자금을 조달하려 했으나, 이도 뜻대로 되지 않았다. 그는 학생의 신분을 떠나 현실 사회에 첫걸음을 내딛으면서 '자력資力의 빈약'을 먼저 느꼈다. 자금을 가진 자가 침체된 사회에서 얼마나 유리하고 우월한 지위에 살고 있는지도 절감하였다.

안재홍이 '자력'을 필요로 하였던 이유는 다만 문화사업에 투자하려는 목적 때문만은 아니었다. 그가 조선산직장려계朝鮮産織奬勵契에 가담한 속뜻을 보면, 어쩌면 그는 민족자본을 축적하는 데 작은 힘이나마 보태려는 더 큰 뜻을 지니고 있었다.

1910년대 식민지 조선의 지식인들이 공통으로 가진 사상 가운데 하나는, 민족이 독립하려면 실력을 길러야 한다는 '실력양성론'이었다. 이때 '실력양성'이란 바로 자본주의문명을 수립함을 뜻하였는데, 서구 또는 일제가 식민지 조선에 이식한 자본주의 문명을 한민족이 몸소 실현함으로써 국권회복의 발판을 마련해야 한다는 생각이었다.

1915년 3월 조직된 조선산직장려계는 이 같은 배경에서 출발하였다. 여기에 최남선·이강현·최규익·김성수·유근·신석우 등 신지식층이 다수 참여하였는데, 안재홍도 일반 계원으로 가담하였다. 이강현이 『학지광』에 투고한 글에서, "조선의 원료로 조선에서 조선인이 방적紡績하여 조선인이 제직製織하여 조선인이 착용하자"고 간결하게 취지를 설명하였듯이, 조선산직장려계는 '자작자급自作自給'으로써 민족자본을 축적·육성·성장시켜 민족경제의 자립을 꾀하려 하였다.

일제는 조선산직장려계를 불온하다고 탄압하여, 1917년 3월 5일 이른바 「보안법」 위반으로 역원役員(임원을 말함)과 계원들을 체포하여 검찰에 송치하였다. 이때 최규익(계장, 중앙학교 교사)·최남선(회계)·유근(協議員)·김두봉(협의원)·박중화(협의원, 徽文義塾長) 등이 역원으로, 안재홍(중앙학교)·김성수(중앙학교) 등이 일반계원으로 체포되었다.

문화사업에 투자하려던 포부가 '자력의 빈약'으로 좌절되자, 안재홍은 귀국한 다음해인 1915년 조선산직장려계에 참여하는 한편, 5월 4일 중앙학교의 학감學監(학교장의 지휘 아래 학무와 학생을 감독하는 직원)이 되어 교육계에 발을 들였다. 같은해 4월 27일 김성수가 중앙학교를 인수하면서, 5월 4일 유근이 교장으로, 안재홍은 학감에 취임하였다.

안재홍이 교육활동을 시작한 1915년은 고난으로 얼룩진 그의 인생에서 매우 드물게 평화로운 한 해였다. 이해 7월 그는 장남 정용晸鏞을 낳았으며, 1916년 한 해도 중앙학교의 학감으로 평탄하게 보냈다. 그러다 1917년 중앙학교의 학감을 사임해야 하는 불행이 닥쳤다. 안재홍이 회고한 바에 따르면, 그는 '불온한 언동'을 왕성하게 일삼았다는 이유로 경기도 내무부장 아리가有賀光豊에게 호출 당하여 '장광설의 훈계'를 들었다. 이때 안재홍은 앞으로 행동을 자제하겠다고 다짐하라는 강요를 받았으나, 순응하지 않았으므로 '방축放逐'당하였다. 헌병대와 경찰이 내리누른 외압으로 그는 중앙학교의 학감을 그만두었다.

'불온한 언동'이란 안재홍이 학교 안팎에서 행한 교육 내용과 사회활동을 가리켰는데, 아마 조선산직장려계의 임원·회원들이 「보안법」 위

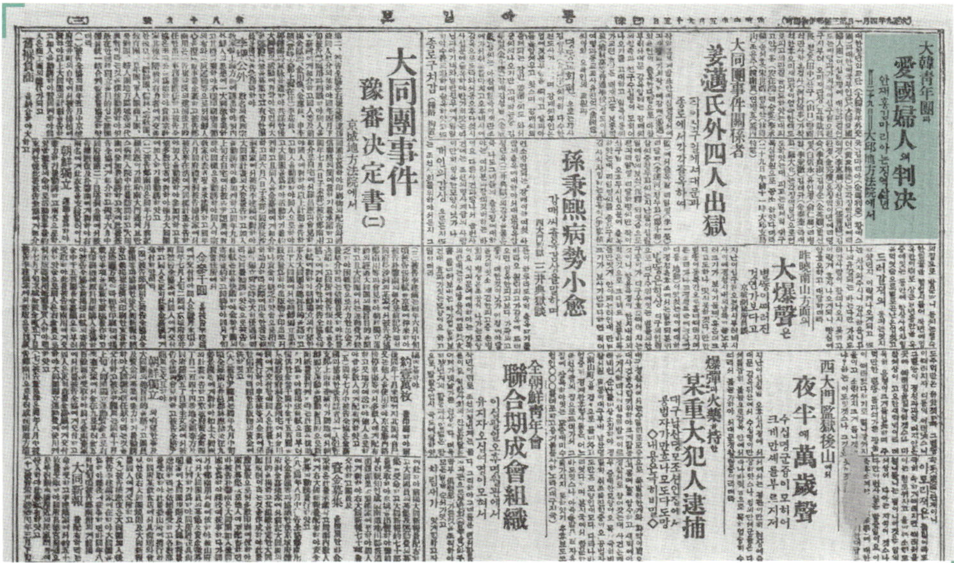
大韓青年團과 愛國婦人의 判決

大同團事件 豫審決定書 (二)

姜邁氏外四人出獄

孫秉熙病勢小愈

大爆聲은

夜半에 萬歲聲

某重大犯人逮捕

全朝鮮青年會 聯合期成會組織

대한민국청년외교단 사건을 보도한 『동아일보』(1920년 6월 30일)의 기사
표제는 '대한청년단과 애국부인의 판결 – 안재홍 · 김마리아는 징역 3년, 29일 대구 지방법원에서'로 되어 있음.

반으로 체포된 사건과 직접 관련이 있는 듯하다. 이 사건으로 투옥되지는 않았지만, 일제는 안재홍을 불러 위협하며 직장에서 쫓아내었다. 중앙학교의 교장 유근도 이 단체의 협의원이었는데 학교장을 그만두어야 했다. 이 일로 안재홍은 직장을 잃고 실의에 빠졌으며, 한동안 상심의 시간을 보내야 했다.

이와 같은 시련을 겪던 1917년의 어느 날, 안재홍의 인생에서 전기가 될 만한 중요한 일이 일어났다. 27세인 이해, 그는 대종교로 개종하였다. 평범한 사람이 종교를 바꾸어도 중요한 계기가 있는데, 안재홍과 같은 민족 지성이 기독교에서 대종교로 개종한 데에는 아주 특별한 동기가 있었음이 분명하다.

직장에서 '방축'된 안재홍은 실의에 빠졌으나, 그래도 쉬지 않고 시국대책을 강구하였다. 실직하여 생계를 잃은 상실감·좌절감 속에서 그는 마음의 안정을 얻고자 하였으며, 또 암담한 시국을 헤쳐나갈 방책도 탐색하였다. 아마 이러한 심경에 있는 그에게 대종교는 하나의 새로운 자극이 되었으리라 생각한다.

당시 지식인 가운데 많은 사람이 대종교로 개종하였는데, 한힌샘 주시경이 유명한 예로, 이는 지식인 사회에 커다란 영향을 끼쳤다. 주시경이 하루는 전덕기 목사에게, 무력 침략보다 정신의 침략이 더 무서움을 설명한 뒤, 자기는 이미 정신의 침략을 당했으니 그냥 있을 수 없다고 하면서 기독교에서 대종교로 개종하였다. 주시경은 서양에서 발생한 기독교라는 종교마저 '정신의 침략'으로 간주하고, 민족의 고유성·자주성을 지켜야 한다고 다짐하였다. 이는 종교가 개인의 영역이 아니라 '종교민족주의'로 승화한 예이다.

다 아는 바와 같이, 대종교(단군교)는 단군 숭배 사상을 기초로 삼아 민족 고유의 종교를 떨쳐 일으킬 목적으로, 1909년 1월 15일(음력)에 나철·오기호 등이 단군교를 창시하고(대종교에서는 이를 중광重光이라고 한다), 1년 뒤 신도를 2만여 명으로 확장한 뒤 '대종교'로 개칭하였다. 대종大倧은 삼신三神, 즉 환인·환웅·환검(=단군)을 가리킨다. 이와 같은 대종교의 종교민족주의가 안재홍을 움직였으리라 생각한다.

1917년 가을 무렵, 동제사의 회원인 박찬익이 박영효를 해외로 탈출시키기 위하여 입국한 일이 있었다. 이때 안재홍은 박영효의 동정을 염알이하였는데, 박영효가 탈출할 의사가 없음을 확인하였으므로, 박영효의 해외 탈출을 권유하는 신규식의 장서長書도 제시하지 못하였다. 이를 보면 안재홍은 1913년 중국을 여행한 뒤 이때까지 동제사와 관련을 맺고 있었다. 안재홍이 개종한 시기는 박찬익이 입국한 뒤로 보이는데, 대종교 신자가 많았던 동제사의 박찬익이 입국한 일도 그가 개종하는 데 영향을 미치었다고 생각한다.

안재홍은 어둡고 답답한 마음 속에서도 시국을 생각하며 1918년을 보냈다. 이해 5월 차남 민용旻鏞이 태어났으니 가장으로서 그의 어깨는 더욱 무거웠다. 안재홍이 침체하여 있는 동안, 1919년 3월 1일 전 민족이 일제에 항거하여 일어났다. 항쟁의 불길은 전국에 퍼졌으나, 그는 3·1민족해방운동의 선두에 나서지 않았다. 뒷날 그가 아주 솔직하게 회고했듯이, 실의와 상심에 잠겨 있던 자신의 처지가, "나서면서 징역살이를 하기에는 자기가 너무 가엾어" 보였기 때문이다. 그렇다고 방관할 수도 없어, 그는 "제2선에 약간의 잠행潛行운동"을 하기로 결심하고 대한민국청년외교단大韓民國青年外交團에 가담하여 활동하였다.

3·1민족해방운동의 영향을 받아, 4월 13일 중국 상하이에서 대한민국임시정부가 수립되었는데, 대한민국청년외교단은 이를 지원하는 비밀결사였다. 이 조직은 조소앙이 국제사회를 향하여 벌이는 외교활동을 후원하는 데서 출발하여, 나아가 대한민국임시정부를 지원하는 데 목적을 두었다.

조용주(조소앙의 동생)·연병호·송세호 등은 1919년 4월 상하이에서

외교론의 독립방략을 실천하는 단체를 추진하다가, 국내의 이병철 등과 연결하였고, 이해 5월 서울에서 대한민국청년외교단을 결성하였다. 조직이 확장되는 과정에서 안재홍은 이병철과 함께 중앙부의 총무가 되었다. 그는 총무로서 「국치기념경고문國恥紀念警告文」·「외교시보外交時報」를 다량 인쇄하여 비밀리에 배포하는 등 활동이 자못 컸다.

청년외교단은 1919년 9월, 같은 성격을 갖는 국내의 독립운동단체를 하나로 통합한다는 원칙을 세우고, 조직을 확장 개편하여 '배달청년단倍達靑年團'으로 개칭하기로 결정하였다. 이에 따라 강령·규칙 등을 안재홍이 입안하기로 하고 10월 하순경에 준비에 착수하였는데, 11월 말에 조직이 발각되었으므로 성사시키지 못하였다.

청년외교단은 대한민국애국부인회와 서로 연락하여 활동하였으므로, 두 조직은 함께 발각되어 같은 사건으로 검거되었다. 이병철(애국부인회의 고문)·안재홍 등 10인과 대한민국애국부인회의 김마리아 등이 체포되었고, 재판에 회부된 주동자 25명 가운데 19명이 20살 이상 30살 이하의 '꽃 같은'(당시 신문의 표현) 나이였다(이병철 22세, 안재홍 29세, 김마리아 26세).

청년외교단·애국부인회 사건으로 안재홍은 1919년 11월 경상북도 경무국警務局 제3부에 검거되었고, 1921년 5월 13일 결심 공판에서 이병철과 함께 징역 3년을 받아 대구형무소에서 옥고를 치른 뒤 1922년 32세의 나이로 출옥하였다. '9차례 7년 3개월'의 기나긴 고난의 시작이었다. 안재홍은 이 첫 옥고에서 평생의 고질병을 얻었다. 대구로 압송된 뒤, 그는 치고 짓밟고 때리는 포악한 고문을 당하여 등뼈에 심한 타박상을 입었고, 이 후유증으로 평생 허리를 제대로 쓰지 못하는 고통을 겪었다.

민중의 선구자로 나서다

문화운동 · 민족개량주의와 타협주의

안재홍은 1923년 한 해를 고문의 후유증을 치료하며 요양하였다. 그러나 암울한 민족사는 그가 휴양만 취하도록 놓아두지 않았다. 아니, 그 스스로 민족이 처한 현실을 도저히 외면할 수 없었다. 1924년 들어 안재홍은 민족운동가·언론인·역사가로서 자신의 모습을 굵직하게 드러내기 시작하였다.

3·1민족해방운동 이후 일본제국주의에 타협하여 민족개량주의가 등장하자, 안재홍은 이에 대항하여 절대(완전)독립을 추구하는 비타협 민족주의를 굳게 지켜나갔다. 1920년대 그의 민족해방운동 노선을 이해하기 위해서는, 3·1민족해방운동 이후 '민족'이라는 보호색을 띠고 등장한 민족개량주의의 본질을 먼저 분명하게 파악해야 한다.

일제는 일한병합 후 헌병경찰정치를 가혹하게 실시하였고, 한민족은 이 같은 무자비한 폭압에 3·1민족해방운동으로 항거하였다. 온 겨레가 온 나라를 들어 일어난 저항에 위협을 느낀 일제는 이전의 통치방식을 다소 수정하여, 이른바 '문화통치'를 간판으로 내걸었다. 이는 3·1민족해방운동의 여파를 수습하기 위하여 부임한 사이토 마코토齋藤實 총독이 내세운 시정施政 방침이었다.

그러나 일제가 표방한 '문화정치'는 한민족을 기만하는 정책이었다. '문화정치'는 식민지지배의 근본 변화가 결코 아니었다. 일본의 자본주의가 성장함에 따라 식민지통치의 겉모습을 조금 세련되게 바꾸었을 뿐, 식민지지배의 본질은 전혀 바뀌지 않았다.

일제는 식민지지배의 목적을 여전히 '식민지의 영구화'에 두었다. 우선 '문화정치'라는 말치레로 동화정책을 더 넓게 강행하여, 조선민족의 상위계층을 매수하였다. 그리고 식민지지배에 지장을 주지 않을 만큼 약간의 출판·결사를 허용하고, 공포정치를 상징하는 제복制服·대검帶劍 제도와 일명 '소좆매'로 불리며 조선인을 난타한 「조선태형령朝鮮笞刑令」을 폐지하는 회유 정책을 폈다. 종전 문화정치시대라 불렀던 이 시기를 민족분열화 정책 시기라 수정하는 이유도 여기에 있다.

'문화정치'는 친일세력을 확대시켜 민족해방운동의 전선을 분열시키고, 끝내는 조선민족을 갈라놓으려는 데에 목적이 있었다. 1919년 9월 강우규 의사가 던진 폭탄에도 옷만 약간 탄 채 무사히 부임한 사이토 총독은, 친일세력을 육성·이용함으로써 민족해방운동을 흩트리려는 「조선민족운동에 대한 대책」을 세웠는데, 이는 거의 그대로 실현되었다. 그는 각종 친일단체를 만들어 친일파를 양성하는 데 더욱 힘을 기울였다.

사이토는 정책으로 친일파를 양성하였지만, 더 큰 문제는 누가 보아도 분명한 '친일파'가 아니라, '민족'을 외치면서 '독립'을 위장하는 민족개량주의에 있었다. 3·1민족해방운동이 실패한 후 조선인 대지주·대자본가와 일부 지식인, 이른바 부르주아지들은 실망하고 동요하다 좌절하였다. 이들은 총독부가 떠벌리는 '문화정치'를 아무런 비판 없이 받아들이면서, 또 한편으로는 노동자·농민 등이 민족해방운동의 무대에 등장하자 이를 경계하며 언구럭스럽게 '문화운동'을 내걸었다.

민족개량주의자들은 일제가 '문화정치'를 달성하기 위한 운동이라는 뜻으로 내건 '문화운동'이라는 용어와, 이의 목표로 내걸었던 '실력양성'·'민족성 개조'·'참정권 획득' 등의 구호를 그대로 수용하였다. 이들은 일제가 식민지지배의 폭력성을 은폐하기 위하여 둘러댄 '문화'라는 말을 빌려와, '문화운동'이 마치 순수한 민족운동인 냥 언죽번죽 꾸며 내고, 이것이 독립을 달성하려는 준비운동 단계라고 민중을 속이었다. 나아가 '독립'은 조선민족이 일제에 항거하여 쟁취할 목표가 아니라, 일제가 '선처'하여 장차 조선에 독립을 줄 수도 있다는 환상을 심으려 하였다. 이른바 '문화운동'은 조선민족을 기만하는 '문화정치'라는 민족분열정책에, 민중의 의식이 성장하는 데 당황한 식민지 조선의 부르주아지가 결합하여 일으킨 민족개량주의운동이었다.

민족주의를 자처하였던 일부 부르주아 세력들은, 3·1민족해방운동 이후 '절대독립'을 포기하고 일제가 허용하는 범위 안에서 민족을 개량하려는 민족개량주의를 유포하였다. 민족개량주의운동은 식민지 민족문제의 근본 해결책인 절대독립을 포기하고, 일제 식민지 통치를 수긍하여 이와 타협함으로써, 식민지 안에서 부르주아지 계급의 이익을 확보하려는 부르주아지 운동이었다. 이들 민족개량주의자들은 자신들의 민족분열 행위를 은폐하기 위하여, '민족'이라는 간판·보호색을 더욱 강하게 띠고 나왔다.

이 논리는 지극히 간단하다. 일제가 허용하는 범위 안에서, 사상의 면에서 민족성을 개조하고, 경제 쪽에서 실력을 기르며, 정치상으로 자치권을 획득하자는 내용으로 압축된다. 이러한 주장은 한민족의 민족성을 식민통치에 순응하는 인간으로 동화·재생시켜 식민지통치의 대상으로 삼고, 식민지 내에서 부르주아지가 실력을 양성하여 식민지 권력의 일부라도 획득·참여하겠다는 의도를 지니고 있었다.

호남의 대지주이자 자본가인 김성수가 사주社主로 있는 『동아일보』는 민족개량주의를 대표하여 선전하는 매체였다. 조선총독부는 저명한 민족주의자 몇 명을 포섭해서 이들에게 민족개량주의를 선전·유포시키도록 방침을 정하였는데, 이광수·최남선·최린은 민족개량주의자로서 트로이카를 이루는 논객이었다.

민족개량주의자들은 1924년 들어 완전독립을 포기한 자치론自治論을 들고 나왔다. 「민족개조론」(1922년 5월)을 발표하여 '정치적 색채를 띠지 않은' 민족개조를 선동하였던 이광수는, 1924년 꼭두부터 자치운동이라는 정치운동을 부추기었다. 그는 1924년 1월 2~6일 『동아일보』에 연재한 신년 사설 「민족적 경륜」에서 "조선 내에서 허許하는 범위 내에서 일대 정치적 결사를 조직하여야 한다"는 '정치운동'을 제안하면서, '민족의 정치적 중심세력'을 만들어 정치운동의 기초를 이루자고 강조하였다.

공공연하게 타협주의 노선을 내밝힌 이 사설로, '민족'이라는 보호색에 숨어 '문화운동'을 떠벌리는 자들의 정체가 분명하게 드러났다. 도대체 왜? 이광수는 새해를 맞이하는 첫 사설에서, 전날 그가 주장하였던 논지와 상반되는 '경륜'을 포부로 밝혔을까. 안개로 가린 듯한 그의 말은 무엇을 배경으로, 진정 무엇을 의도하였는가. 이를 알기 위해서는 눈에 보이지 않는 흐름을 확인해야 한다.

제1차 세계대전은 일본자본주의의 발전에 더 없이 좋은 기회를 제공하였다. 전란에 휩싸인 유럽 각국이 아시아·아프리카·남아메리카의 여러 나라에 수출할 길이 막힌 반면, 이 지역에 일본의 수출은 약진하였다. 일본은 각국에 군수품과 소비물자까지 수출하여 그야말로 '전시의 호경기'를 만끽하였다. 일본에서 설렁탕 한 그릇에 3전 할 때 30억 원이라는 거액을 벌어들인 바가 보여주듯이, 이 기간 동안 일본의 공업생산력은 5배, 무역액은 4배로 크게 증가하였다. 해마다 평균 1,884개의 회사가 늘어났으며, 불입자본금도 7억 8천만 원씩 불어났다. 이와 같이 일본의 독점자본이 급성장하였으므로 일제는 자신감에 넘쳐, 철저한 허가주의였던 「회사령」을 3·1민족해방운동이 일어난 후 신고주의로 개정하였다.

일본의 독점자본이 조선에 적극 진출하기 위하여 「회사령」을 개정하였지만, 이는 조선인 자본가에게도 자본축적의 가능성을 열어주었다. 3·1민족해방운동 이후 조선민족의 반감을 누그러뜨리기 위해서는, 조선인에게도 많은 기회를 베푼다는 인상을 심을 필요가 있었으므로, 일제는 조선인 자본의 성장을 어느 정도 허가하였다. 1919~1920년경 조선인들 사이에 각종 회사를 설립하려는 한때의 '열풍'은 이러한 분위기에서 출발하였다.

일제는 이러한 두 마리 토끼를 노리고 「회사령」를 개정하였지만, 요즈음 잘 쓰는 말로 '시장원리'에 따라 조선인 자본의 성장을 통제·조절하는 효과도 노렸다. 일제가 이를 몰랐을 리 없다. 일본의 대자본을 상대하여 소규모의 조선인 자본이 경쟁할 수 없음은 너무도 자명한 사실이었다.

일본의 독점자본이 짓쳐들어오는 현실에서, 소자본과 열세한 생산기술로 자본축적을 할 수 없는 조선인 자본가들은, 1921년 6월 조선인 산업대회를 열어 총독부에 '조선인 본위(중심)의 산업정책', 즉 '보호관세제도의 실시'·'기업보조금의 지급' 등을 호소하였으나 거절당하였다. 더욱이 1923년 4월부터 일본과 조선 사이의 무역에서 면직업·주류를 제외한 모든 상품의 관세가 면세될 방침이었다.

이러한 위기 속에서 조선인 자본가들은 자구책을 마련하여야만 하였다. 총독부를 향한 호소가 좌절되자, 이제 조선인 자본가들은 민족감정을 앞세워 조선인 자본이 민족자본임을 선전하며, '민족자본'을 보호하자고 조선 민중에게 직접 절규하였다. "조선 사람 조선 것"·"내 살림 내 것으로"·"조선 사람이 만든 것을 먹고 입고 쓰자"는 구호를 외치는 물산장려운동은 이러한 배경에서 일어났다. 이 운동은 1922년 말 전국으로 확산되었고 1923년 초에 절정에 이르렀으나, 1923년 8월을 기점으로 시들었다.

물산장려운동은 애국애족의 민족감정에 호소하였기 때문에 초기에 상당한 성과를 거두었으나, 1년도 채 못되어 흐지부지되고 말았다. 이 운동은 출발할 때부터 애초 한계를 가지고 있었다. 우선 빈약한 생산력 때문에 공급이 수요를 따라 갈 수 없으니 물가만 올려놓았고, 이 부담은 가난한 민중에게 고스란히 돌아갔다. 당시 물산장려운동의 주된 선전 품목은 광목·본목本木(진짜 무명)·고무신 같은 생활필수품이었는데, 조선인 자본은 '애국심'의 수요를 뒷받침할 수 있는 생산력을 갖추고 있지 못하였다. 더욱이 몰락한 민중(노동자·농민)들의 경제력은 이 운동을 지속하여 받쳐 줄 수 없었다. 결국 당시 유행하였던 말대로 "1원 60·70전 하는 상품을 3원의 높은 가격"으로 사게 하였다. 이와 같이 이익은 조선인 자본가·상인이 가져가고 부담은 민중이 지게 되었으므로, 물산장려운동의 열기는 곧 식고 말았다.

물산장려운동이 국산품 애용운동으로서 애국운동이었다는 단순한 이해를 잠시 거두고, 한국근대사를 이해하는 데 중요한 빗장이 되는 이 문제를 다시 생각할 필요가 있다. 최근의 연구에 따르면, 물산장려운동에는 크게 '생산증식生産增殖'의 논리와 '토산장려土産奬勵'의 논리라는 두 갈래가 있었는데, 이는 민족주의운동이 1920년대 중반 들어 우파(타협주의·민족개량주의)와 좌파(비타협주의·절대독립론)로 나뉘는 결과를 예고한다. 여기서는 자치운동과 관련이 있는 생산증식의 논리를 먼저 살펴보고, 토산장려의 논리는 안재홍의 물산장려운동에서 보기로 한다.

생산증식을 주장하는 물산장려운동은 조선인 상층 자본가의 논리였다. 이는 이광수·송진우·장덕수 등 동아일보 계열이 주를 이루었는데,

이들은 소수의 조선인 공업자본의 이해를 대변하였다. 생산증식의 논리는 자본주의문명의 수립을 목적으로 하는 실력양성론에 근거를 두었지만, 자본주의 상품경제가 조선의 경제에 미치는 영향력을 무시하였고, 무엇보다 일본제국주의에 대항하려는 반제反帝의 논리를 결여하였다.

조선인 자본가 상층은 일본의 대규모 독점자본과 경쟁해야 하는 상황에서 총독부에 보조금 지급과 보호관세를 요구하였다. 이러한 호소는 좌절되었지만, 이들은 자본증식을 결코 포기할 수 없었으므로, 조선민족 내부에서 상품의 판로를 개척하고 시장을 확보하기 위하여 물산장려운동을 전개하였다. 물산장려운동마저 실패로 돌아가자, 이 위기를 타개하기 위하여 총독부에 보호관세의 설치, 보조금의 지급, 기술인력의 양성 등 이른바 '당국자의 더욱 철저한 보호와 장려'를 다시 촉구하였다.

일본 독점자본과 경쟁하기 위하여 총독부의 보호와 장려를 요구하는 논리는 당연히 조선인 자본가 상층과 총독부의 타협을 전제로 하였다. 총독부 또한 이들을 회유하여 제도권, 곧 식민지통치 안으로 흡수하려 하였으므로, 양자의 이해관계가 일치하였고, 타협과 협력은 필연의 과정이었다. 실지 총독부는 1923년 12월경 김성수가 경영하는 경성방직에 거액의 보조금을 지급하여 '보호와 장려'의 시책을 베풀었고, 이 보조금은 1935년까지 계속되었다. 조선인 상층 자본가들이 완전독립을 주장하는 절대독립론을 포기하고 자치운동을 전개하는 이유도, 일제 식민지통치를 이미 긍정하여 타협하였기 때문이다. 이렇게 생산증식의 논리와 자치운동은 밀접한 고리를 맺고 있는 동전의 양면이었다.

이상에서 보았듯이, 생산증식의 논리로 물산장려운동을 전개하였던 조선인 상층 자본가들은 일제의 '보호와 장려'가 필요하였으므로 식민지 권력에 예속되어 타협할 수밖에 없었다. 그렇다고 자신들의 상품을 소비하는 대다수 민족 구성원들의 시선을 무시할 수 없었으므로, '민족'이라는 보호색을 완전히 치워 버릴 수도 없었다. 이들은 조선민족의 절대독립을 주장할 수 없는 처지에서, 지금 조선은 독립할 능력이 없다는 '독립불능론'을 내세웠다. 그리고 완전한 독립을 이루기 위해서는 정치·경제·문화 등 모든 방면에서 실력을 양성하여 독립을 준비해야 한다는 '독립준비론'으로 위장하였다.

조선인 상층 자본가들은 조선인 산업대회의 요구가 거부되고, 물산장려운동이 실패한 현실에 뼈저리게 느낀 바가 있었다. 자신들의 이해를 현실에 반영하기 위해서는, 총독부가 절대 권력을 행사하는 식민지 구조에서 제한된 권력이라도 필요하였다. 그래서 이들은 일제의 '보호'뿐만 아니라 '자치권'이라는 정치권력을 요구하였다. 1920년대 조선인 상층 자본가들이 정치운동을 말하면서 절대독립·독립전쟁 노선을 포기하고, 대신 일제의 지배를 인정하는 범위 내에서 자치권을 획득하자는 '자치론'·'자치운동'을 주장한 데에는 이러한 이유가 있었다.

자치운동은 민족해방운동을 분열시키려는 일제의 교묘한 계책에 조선인 상층 자본가가 타협하여 나왔다. 이들이 자치운동을 꾀하기 위하여 국내에 조직하려던 단체가 바로 연정회研政會였다. 연정회를 결성하려는 구상은 이미 1923년 가을부터 추진되었다. 동아일보 계열의 김성수·송진우와 천도교 신파의 최린은 '유력한 민족단체'를 조직한다는 명분 아래, 조선일보의 신석우 등을 끌어들여 여러 차례 김성수의 집에 모여

협의를 거듭하였다. 이들은 자신들의 취지를 선전하고 여론의 반응도 확인할 목적으로, 이광수가 집필한 「민족적 경륜」을 『동아일보』 지상에 사설로 5회에 걸쳐 연재하였다.

이광수는 이미 1923년 2월과 10월 베이징에서 안창호를 두 차례 만나 자치운동 문제를 의논한 바 있었다. 김성수·송진우·최린·이광수 등 민족개량주의자들은 자치운동을 펴 나갈 정치결사로서 연정회를 조직하려 하였고, 이에 이광수는 새해 꼭두에 많은 분량의 사설로 이를 연재하여 민중의 반응을 떠보았다. 이광수는 자치운동을 획책하는 '정치적 결사' 이외에는 '정치적 색채'를 띠지 말아야 한다고 강조하였다. 그가 말하려는 바는 너무도 분명하다. 민족해방운동을 부인·배척하여 사실상 독립을 포기하고, 일제의 통치권 아래 법률이 허용하는 범위 안에서, 조선인 부르주아지가 주도하는 자치운동을 조선 민족의 의견과 행동으로 삼아야 한다는 논지였다. 이것이 민족개량주의의 실체였다.

비타협 민족주의의 길로 나아가다

민족자본의 성장을 위하여

1924년 1월 중순 최린·이종린(천도교 구파), 김성수·송진우·최원순(동아일보), 신석우·안재홍(조선일보), 박승빈(변호사), 이승훈(기독교), 서상일(대구), 조만식(평양) 등 16~17명이 경성에 모여 연정회라는 단체의 조직을 협의하였으나, 민중들이 「민족적 경륜」에 보인 반발이 의외로 강렬하였고, 내부의 의견도 통일되지 않아 무산되고 말았다. 이종린·안재홍을 보더라도 알 수 있듯이, 이 자리에 모인 사람들이 모두 자치운동에 동조하지는 않았다. 안재홍은 '유력한 민족단체'를 조직하자는 원칙에는 동의하였으나, 자치운동의 방향으로 나아가는 데에는 반대하였다.

연정회가 유산된 사실은 자치운동을 추구하는 우익 민족개량주의가 등장하는 한편, 이를 거부하는 비타협 민족주의 세력(좌익민족주의)이 다른 쪽의 세력으로 자라나고 있으며, 민중은 타협한 개량주의를 원치 않음을 보여주었다. 1926년 9월 연정회를 부활시키려는 운동이 다시 일어나자, 안재홍은 민족개량주의와 아주 분명하게 선을 긋고 이와 투쟁하였다. 어쨌든 연정회를 구성하여 자치운동의 발판으르 삼으려던 동아일보 계열과 천도교 신파의 의도는 좌절되었고, 자치운동은 한동안 잠복하였다.

이 무렵 안재홍은 연정회를 주도하는 민족개량주의 세력과는 민족현실을 바라보는 시각·대응책을 달리 설정하였다. 앞서 언급하였듯이, 물산장려운동의 또 다른 갈래인 토산장려의 논리는 설태희와 안재홍으로 대표되었다. 이 당시 '토산'이라는 말은 소규모의 수공업이나 가내공업에서 생산한 물품을 가리켰으므로, '토산장려'는 이러한 '토산'을 사용하도록 장려한다는 뜻을 담고 있었다.

설태희·안재홍은 제국주의 상품이 지배하는 시장의 논리를 거부하고 외화배척外貨排斥 운동을 주장하였으며, 조선인 상층 부르주아지를 불신하여 이들의 지도권을 부인하였다. 이들은 '토산장려'와 '자급자족'을 내세워 가내공업·소공업 등 민족자본 하층과 소상품 생산자의 이해를 대변하였다. '토산장려'를 주장한 민족주의 세력은, 물산장려운동이 침체

상태에 들어가자 물산장려운동의 주도권을 장악하고, 이후 비타협 자세로 민족해방운동을 통합하고자 하였다.

물산장려운동이 쇠퇴한 1924년 4월, 안재홍은 조선물산장려회의 이사로 참여하여 '토산장려'의 논리를 주장하였다. 이 시기 대다수의 민족주의자들이 그러했듯이, 안재홍도 자본주의 문명을 수립하려는 이른바 '실력양성론자'였다. 물산장려운동과 자치운동도 실력양성을 구호로 내걸었다. 그러나 물산장려운동을 주도한 일부 계열의 사람들이 일제에 타협하는 길로 들어섰고, 이 가운데 또 일부는 '친일'이라는 반민족 행위까지 일삼았다.

안재홍이 일제에 타협하지 않고 철저한 비타협 민족주의자로 항쟁할 수 있었던 이유는 무엇일까. 이를 '불굴의 정신'·'지조' 등의 말로써 칭송하는 데 그친다면, 매우 제한된 시야다. 결론부터 말하면, '물산장려'라는 겉의 형태는 같았더라도, 안재홍은 김성수·송진우 등 민족개량주의자들과는 민족경제를 바라보며 지향하는 논리, 더 근본에서는 계급기반을 달리하였다. 이는 앞서 보았던 자치운동·참정권운동 따위의 타협운동이 어떠한 배경에서 출발하였는가 하는 문제와 관련시켜 생각할 필요가 있다.

일본 독점자본주의라는 외래 자본이 침투하는 현실에서, 안재홍은 민족자본·민족경제의 영역을 따로 설정하여 조선인 자본을 육성하자고 강조하였다. 그는 당시 산업구조에서 일본자본에 비하여 조선인 공업생산이 다소 우세했던 소공업(직물업·제지업·요업·화학공업 등)과 가내공업 등 중소자본을 육성하고 토산을 장려해야 한다고 적극 주장하였다.

안재홍 역시 자본주의 근대화를 지향하였지만, 일제에 예속되는 물량만의 자본주의 근대화는 배격하였다. 그는 민족 자립경제의 틀을 고수하면서 중소자본을 중심으로 하여 민족경제를 보전保全하는 조선식 자본주의 근대화를 추구하였다. 경제 발전이 한참 뒤진 조선인은 소자본으로써 간단한 기술을 요하는 소규모의 생산에 노력하는 쪽이, 일제에 기생하는 자본주의 근대화보다는 민족경제의 관점에서 훨씬 바람직하다고 보았기 때문이다.

1930년대 들어 일본 자본주의가 조선에 더욱 진출하고 세계공황의 여파로 조선인 중소자본이 참담하게 몰락하는 현실 속에서도, 안재홍은 일본 자본주의에 대립하는 조선인 중소자본의 영역이 따로 발전할 수 있다고 전망하였다. 민족운동가로서 그의 신념은, 아무리 어렵고 불리한 여건 속에서도 그렇게 되어야 한다고 믿었다.

민족언론을 위하여

1924년 안재홍은 민중과 민족자본을 대변하는 이론가·실천가에서 한 발 더 나아가, 민중을 깨우쳐 이끌 언론활동에 뛰어들었다. 그는 일제의 사주를 받은 반민족 단체가 언론을 짓밟는 폭압에 강하게 저항하였고, 민족언론의 자유를 쟁취하는 운동에 참여하면서 직업 언론인의 길을 택하였다.

3·1민족해방운동 이후 일제는 민족분열정책의 중요한 공작으로 친일단체를 꾸준히 육성하면서 이들을 조직화하려 하였다. 이에 1924년 3월 25일 '친일'을 표방하는 11개 단체의 대표들이 친일단체를 규합

할 목적으로 경성호텔에 모여 각파유지연맹各派有志聯盟 선언식을 거행하고, "독립사상과 사회주의를 공격하며 총독부를 원조하여 그의 시정施政을 돕자"는 내용의 선언서와 강령을 발표하였다. 여기에는 친일 노동단체인 상애회相愛會(일명 노동상애회)를 조직하여 부회장을 맡았던 박춘금도 참여하였다.

『동아일보』가 1924년 3월 30일자 사설에서 각파유지연맹을 공격하자, 불만을 품은 박춘금은 4월 2일 하수인을 시켜 동아일보사 사장 송진우와 취체역取締役(요즈음의 이사) 김성수 두 사람을 식도원食道園으로 유인한 뒤 3시간에 걸쳐 구타하고 권총으로 협박하였다. 여기에 동석했던 각파유지연맹의 연맹원 20명도 두 사람에게 집단으로 폭행을 휘둘렀다. 이후 박춘금은 약 2달 동안 동아일보에 협박과 공갈을 거듭하는 집요함을 보였다. 그런데도 경성지방검사국은 4월 26일 이 사건을 불기소 처분으로 끝내버렸다.

일제와 결탁한 박춘금의 만행, 이를 비호하는 총독부의 폭압에 항거하여 4월 9일 민간의 유지 40여 명이 유일관唯一館에 모였다. 이들은 민중대회를 열어서 '친일단체의 응징과 총독부 당국의 태도를 규탄'하기로 결의하고, 안재홍을 비롯한 10명의 실행위원을 선출하였다. 안재홍 등 실행위원은 4월 22일 서울의 천도교 회당에서 민중대회를 열고자 하였으나 종로 경찰서는 이를 금지시켰다.

이에 다시 6월 7일 당시 최대의 민중단체인 조선노농총동맹朝鮮勞農總同盟을 비롯해, 조선일보·동아일보·시대일보를 포함한 31개의 단체 대표 100여 명이 수표교水標橋의 조선교육협회에서 언론집회압박탄핵회言論

集會壓迫彈劾會를 개최하였다. 이 대회는 항거 방법을 실행위원에게 일임하는 결의문을 채택한 뒤, 안재홍·이인 등 13명의 실행위원을 뽑았다. 안재홍 등 실행위원은 6월 20일에 언론탄압을 규탄하는 대회를 열기로 하고 준비하던 중, 19일 종로경찰서에서 '치안방해'라는 이유로 집회 금지를 통고 받았으나, 20일 천도교 회당에서 집회를 강행하려다가 대회장을 경계하던 경찰들에게 검속檢束되었다.

안재홍은 이와 같이 언론 탄압에 항거하면서 언론계에 투신하였다. 그는 민중대회를 주도하는 동안인 1924년 5월 시대일보에 논설기자로 입사하였다. 사내에 분규가 일어나 같은 해 7월 퇴사하였으나, 이것이 직업 언론인으로서 그의 첫발이었다. 시대일보를 물러난 안재홍은 곧 조선일보에 입사하였다. 이해 그는 언론인·민족운동가로서 굵직한 이름을 남기는 인생의 전기를 조선일보와 함께 맞이하였다.

『조선일보 60년사』에서는 1924년을 '조선일보사의 혁신 발전기'로 규정하였는데, 이해는 말 그대로 『조선일보』가 일대 '혁신'을 단행한 해였다. 요즈음도 식민지시기 『조선일보』·『동아일보』의 성격을 둘러싸고 '민족지 논쟁'이 이따금 일어나지만, 간단하지 않은 이 논쟁에서 『조선일보』가 민족지임을 내세우는 논거에는 이상재·안재홍 등의 굵은 이름이 거론된다.

1920년 3월 친일 경제단체인 대정실업친목회大正實業親睦會의 기관지로 창간된 『조선일보』는 경영난으로 발행인과 경영진이 자주 바뀌다가, 1924년에는 반민족행위로 이완용과 우열을 다투던 송병준이 경영하고 있었다. 그러나 송병준은 이해 9월 경영난을 이기지 못하여 신석우에게

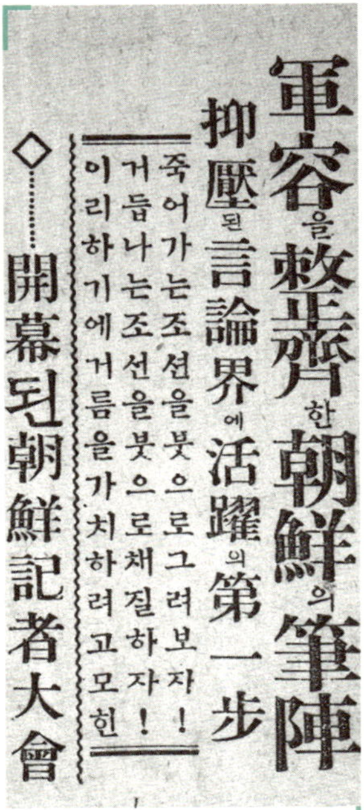

軍容을 整齊한 朝鮮의 筆陣
抑壓된 言論界에 活躍의 第一步
죽어가는조선을붓으로그려보자!
거듭나는조선을붓으로채질하자!
이리하기에거름을가치하려고모힌
◇……開幕된朝鮮記者大會

조선기자대회를 보도하는
『동아일보』(1925년 4월 25일) 기사

8만 5천 원으로 조선일보의 판권을 팔았다. 신석우는 경영권을 인수하면서 자신이 부사장이 되고, 민족지도자로 추앙 받던 이상재를 사장으로 추대하였다. 이때 『조선일보』는 '조선 민중의 신문'이라는 표어 아래 경영과 지면에서 혁신을 단행하였다.

언론사에 입사한 지 일년도 되지 않았는데, 안재홍은 벌써 조선기자대회에서 부의장에 피선되었다. 신문사·잡지사의 조선인 기자로 조직된 무명회無名會가 전조선기자대회全朝鮮記者大會를 발기하여, 1925년 4월 15일부터 17일까지 3일간 서울 경운동慶雲洞의 천도교기념회관에서 대회가 열렸다. 이 대회에는 20여 종의 신문사·잡지사의 기자 693명이 참가하였는데, 첫째 날 의장·부의장을 선거하여 안재홍은 부의장(의장은 이상재)에 선출되었다. 조선일보사의 사원이 전 출석자의 약 반 수에 가까운 까닭도 있었겠지만(첫 날 총출석자 463인 가운데 조선일보 사원이 205인이었다), 의장·부의장이 모두 조선일보사에서 선임된 사실은 조선일보의 혁신과 두 사람이 민족언론에서 차지하는 위치를 그대로 보여준다. 안재홍은 어느덧 "전국 언론계에서 탁연卓然한 위치를 확보"한 중핵으로 자리 잡았다.

대회 둘째 날인 16일 경무국 고등과장高等課長을 비롯한 수십 명의 형사가 삼엄하게 경계하는 가운데, 부의장 안재홍이 사회를 보아, 대회가 목적하는 의안을 5개의 조건으로 결의하였다.

조선기자대회 휘장

조선기자대회 결의문

- 우리는 친목과 협동을 공고히 하여 언론의 권위를 신장 발휘하기를 기期함.
- 신문 급及 출판물에 관한 현행 법규의 근본적 개신改新을 도圖함.
- 언론 집회 결사의 자유를 구속하는 일체의 법규의 철폐를 기함. (구체안 발표 금지)
- 동척(동양척식주식회사: 인용자)을 비롯하여 현하 조선인 생활의 근저를 침식侵蝕하는 각 방면의 죄상을 적발하여 대중의 각성을 촉진함. (구체안 발표 금지)
- 대중운동의 적극적 발전을 촉성促成하기를 도함.

조선기자대회는 당시 신문이 표현한 대로 '민족의 성사盛事'였다. 이 시기의 동아일보·조선일보·시대일보 3사는 '민족의 3부府'·'우리의 3부'·'속삼정부俗三政府'라 불리었다. 이들 신문이 '정부'라 불린 까닭은 "조선인으로서 조선인만으로 의사를 발표하는 곳은 신문사뿐"이었기 때문이다. 위의 5개 결의안은 이 대회가 이룬 성과이기도 했지만, 식민지 조선에서 민족언론이 나아갈 지표를 제시하였다는 데 더 큰 의의가 있었다. 안재홍은 이 결의안을 주도하였고, 일제에 항거하여 언론에 종사하면서 이를 오롯하게 실천하였다.

민족문제 인식의 과학화

안재홍의 민족운동은 언론활동의 범위를 넘어서 나아갔다. 조선기자대회가 열리기 앞서, 그는 흥업구락부興業俱樂部를 결성하는 12명의 창립회원(부장 : 이상재) 가운데 한 사람으로 참여하였다.

흥업구락부는 이승만이 하와이에서 결성한 친위조직 동지회同志會와 연관을 맺고, 1925년 3월 23일 국내에서 창립된 비밀결사였다. 1924년 10월 YMCA 총무 신흥우는 하와이로 이승만을 방문하였다. 두 사람은 동지회를 연장한 단체를 국내에 조직하기로 합의하고, 신흥우는 귀국한 뒤 회원을 결속하여 흥업구락부를 조직하였다. 흥업구락부는 동지회의 국내 지부는 아니었지만, 인맥이나 운동노선에서 동지회와 같은 성격을 띤 단체였다. 안재홍이 이 비밀결사에 참여한 동기는, 그가 일본에 유학할 때 이승만과 맺은 친분, 그리고 당시 신흥우가 견지한 비타협 민족주의 노선이 자신과 일치한 데 있었다.

흥업구락부는 "민족관념을 보급하고 조선독립을 도모할 것", "산업발전과 자급자족에 노력하도록 할 것" 등의 행동 방침에서 보듯이, 실력양성을 민족운동의 방략으로 설정하였다. 이는 1924년 안재홍이 토산장려의 논리로 물산장려운동을 주도하던 방향과 일치한다. 흥업구락부에 참여한 사람들은 '조선독립'이라는 정치성을 분명히 내세웠으므로 '정치적 색채를 띠지 않은' 수양동맹회와는 뚜렷이 구별되었다.

수양동맹회의 기본사상은 정치성을 절대 배제하고 민족개조론이라는 도덕의 관점에서 민족문제를 해결하려 하였다. 이러한 인식은, 제국주의와 식민지민족 사이의 모순이 바로 식민지 지배에서 비롯된다는 사실을 감추었으므로 처음부터 타협주의로 기운 노선이었다. 안재홍은 제국주의와 식민지민족 사이의 민족모순이 식민지 조선의 근본문제임을 일관되게 인식하였다. 그는 수양동맹회의 노선과 선을 그었으며, 이 점이 타협주의로 전락하지 않은 중요한 요인이었다.

민족해방운동의 방향을 정립한 안재홍은 국제정세와 조선민족의 현실을 바라보는 인식을 과학화할 필요를 느꼈다. 3·1민족해방운동이 실패한 뒤, 마치 시대의 조류처럼 밀려드는 사회주의(공산주의) 사상을 민족현실에 맞게 비판·수용하는 문제는 그에게 가장 큰 과제였다.

때마침 1925년 7월 하와이 호놀룰루에서 범태평양회의汎太平洋會議가 열리자, 국내에서는 이 회의를 조선에 유리하게 활용하려면 조선의 실지 사정을 과학의 방법으로 조사·연구하는 '조직체'가 필요하다는 공감대가 형성되었다. 이러한 취지에서 안재홍을 비롯해 백남운·홍명희·박찬희·박승빈·유억겸·조병옥 등이 1925년 9월 15일 경성의 돈의동 명월관明月館에 모여 조선사정연구회朝鮮事情研究會를 조직하였다. 안재홍은 '조선문제 인식의 과학화'를 위하여 이 단체를 주도하였고, 장차 이를 민족운동의 기관으로 발전시키려 하였다. 조선사정연구회는 이 날 모임에서 세칭 '반좌성명反左聲明'을 발표하였다. 이를 해석하는 시각은 여러 가지가 있지만, 그대로 옮기면 다음과 같다.

> 극단적인 공산주의를 주장하여 외국의 제도·문물·학설 같은 것을 그대로 따다가 조선에 통용 실시하려는 것 같은 과격론자들이 있으나, 조선에는 조선의 역사가 있고 독특한 민족성이 있다. 그 같은 것은 조선 민족을 자멸로 인도하는 것이기 때문에, 그 가부를 잘 연구하고 장점을 취하여, 민족정신의 보존에 힘쓰지 않으면 안된다.

조선의 역사·특수성을 토대로 민족현실을 인식하자는 이 성명은, 조선의 특수성에서 출발하는 안재홍의 신민족주의 사상과 매우 흡사하다. 여기에는 분명 그의 생각이 반영되었다.

조선사정연구회의 '반좌성명'이 공산주의 이념 자체를 배격하는 '반공성명'이었다고 보기는 어렵다. 여기에 참여한 김준연·한위건은 뒷날 각각 조선공산당의 책임비서와 이론가로 활동하였고, 백남운도 유명한 마르크스주의 경제학자였다. 이들은 모두 민족협동전선을 중시하였다. 이에서 보듯이 이 세 사람은 사회주의 사상 자체를 부정하는 사람들이 결코 아니었다.

위의 성명에서 말하는 '공산주의'는 '극단적'이라는 전제가 따르듯이, '제도'·'체제'의 공산주의를 가리키며, 사상으로서 공산주의는 아니었다. '반좌성명'은, 민족현실을 무시한 채 공산주의 도그마를 그대로 받아들여 공산주의 혁명으로써 공산주의 체제를 수립하려는 교조주의를 향한 경고였다. 이는 민족협동전선에 공감하는 사회주의·공산주의자들도

동의하는 바였다.

이 시기 안재홍은 민족협동전선을 주장하였으나, 조선사정연구회는 뚜렷한 주도세력이 없었고, 회원들도 사상의 편차가 심하여 하나의 정치세력으로 묶지 못하였으므로 단체를 지속할 수 없었다.

신간회운동을 주도하다

민족협동전선을 외치다

안재홍은 민족주의와 공산주의의 협동-그가 '민공협동民共協同'이라 표현한-이 완전한 해방과 민족통합을 위한 절대전제라고 인식하고, 식민지시기뿐만 아니라 8·15해방 후에도 이를 실천하였다. 안재홍은 일생을 일관한 '민공협동론자'였다. 안재홍의 항일운동에서 가장 큰 업적도 민족협동전선을 이끈 신간회운동이었다. 그러면 안재홍이 신간회를 조직하게 되는 과정·논리와 신간회운동을 살펴본다.

3·1민족해방운동 이후 민족해방운동은 여러 갈래로 나뉘었다. 일제가 실시한 민족분열정책은 민족개량주의를 유포하여 민족주의운동을 분열시켰고, 또 사회주의 사상이 유입되어 민족해방운동의 이념 또한 갈려나갔다. 비타협 민족주의와 사회주의(공산주의)는 절대독립이라는

지향성은 같았지만, 이를 실현하는 방법과 '독립'한 이후의 국가건설의 목표가 크게 달랐다.

1926년 들어 자치운동이 총독부에 줄을 대고 다시 전개되었다. 자치운동을 막는 일은, 일제와 타협하지 않고 절대독립을 주장하는 모든 정치세력들에게 매우 중요하고도 긴급한 문제였다. 이에 비타협 민족주의자와 사회주의자들(조선공산당은 1925년 4월 이미 결성되어 있었다)은, 자치운동을 저지하고 민족의 독립을 달성하기 위해서는 절대독립을 내세우는 정치세력들이 협동해야 한다는 데 뜻을 같이 하고, 협동의 문제를 제기·논의하였다. 이것이 이른바 민족협동전선론이었다. 1926년은 자치운동이 본모습을 드러내면서 민족협동전선론도 구체화하는 시기였다.

1926년 3월 10일 조선공산당(1925년 12월부터 1926년 6월까지 존속하였던 제2차 조선공산당) 책임비서인 강달영이 주선하여 모인 자리에서, 안재홍은 권동진·이종린·박동완·유억겸·오상준·신석우 등과 민족협동전선 문제를 토의하였다. 강달영은 안재홍을 비롯한 비타협 민족주의자 7인에게 서로 협동하기를 제안하였다. 이 날 협동의 방침은 확정하지 못하였지만, 협동의 원칙에 서로 찬성함으로써 민족협동전선은 큰 진척을 보였다.

3월 10일의 모임은 강달영이 주선하였지만, 사실상 자치운동을 배격하는 비타협 민족주의자들의 만남이나 마찬가지였다. 이 자리에서 천도교 구파 계열의 이종린은 신파 계열의 최린을 자치론자로 격렬하게 비난하며, 수양동우회·연정회가 안창호의 수족인 이광수, 동아일보, 흥사단장 안창호에게서 나왔다고 지적하였다. 또 그는 최린이 농민사農民社라는 단체를 조직한 이유도 잡지를 경영하려는 단순한 목적에 있지 않고, "장래 자치제를 실시할 때 다수 의원을 양성하여 두어 일대의 정당으로 의정단상의 세력을 장악하려는 의도에 불과하다"고 폭로하였다. 이종린은 자치운동의 본질과 인맥을 꿰뚫어보았는데, 당시 비타협 민족주의자들은 모두 이를 경계하고 있었다.

안재홍은 1925년 초부터 민족협동전선의 필요성을 제기하였다. 이 협동전선은 일본제국주의 그리고 이에 타협한 정치세력에 대항하는 비타협 민족주의와 사회주의의 공동전선을 가리켰다. 안재홍은 사회(주의)운동이 등장한 상황을 '필연 또는 당연한 형세'라 공감하고 사회주의운동을 현실로 인정하였으므로, 사회주의운동과 민족주의운동을 대립구도로 파악하지 않았다. 민족개량주의 세력이 사회주의운동을 적대세력으로 배척한 반면, 안재홍은 사회주의운동을 끌어안고 타협주의와 결별을 선언하였다.

이 점이 자치론의 타협성과 함께, 좌익민족주의(비타협 민족주의)와 우익 민족개량주의를 구분하는 중요한 잣대이다. 안재홍은 사회주의와 민족주의의 길이 서로 어긋난다고 인식하지 않았으므로, 둘의 협동이 민족해방의 전제가 된다고 강조하였다. 그는 8·15해방 후에도 이러한 민공협동을 실천하였다.

안재홍이 배격하는 '타협'의 진영은 자치운동을 주장하는 민족개량주의자들이었다. 1925년 말 총독부는 참정권 부여를 원칙으로 삼았던 이전의 방침을 수정하여 식민지 조선에 자치제 실시를 검토하였다. 이에 고무된 동아일보계와 천도교 신파는 1925년 말부터 자치운동을 다시 계획하였다. 송진우·최린·김성수·최남선 등 자치론자들은 여러 차례 만나 논의를 진전시켰다. 이들은 자치론을 시험하던 단계에서 더 나아가 총독부와 손을 잡고 정치세력화를 꾀하였다. 이것이 1925년 말에서 1927년 사이에 전개된 제 2차 자치운동이었다.

자치운동이 본모습을 드러내는 1926년은, 타협한 개량주의운동과 비타협 민족주의운동이 뚜렷하게 갈리는 한 해였다. 달리 말하면 자치운동, 이에 대항하는 민족협동전선운동이 동시에 진행되는 해였다. 민족개량주의와 비타협 민족주의가 확실하게 결별하는 과정을 거쳐 민족협동전선에 참여하는 세력들도 확정되었다.

1926년 9월 말 최린·김성수·송진우·최남선 등 자치론자들은 또 다시 자치운동 단체를 조직하기로 결의하였다. 여기에 10월 초순부터 아베阿部充家(전 경성일보사 사장으로 사이토 총독의 언론통제와 정치담당 참모)가 간여하여 자치운동 단체로서 연정회를 부활할 계획을 세우고 있었다. 이들은 10월 초순부터 준비에 착수하여 안재홍·박희도·김준연·조병옥·한위건·변영로·홍명희 등 여러 사람과 개별 접촉하면서 의견을 교환하였다. 그러나 자치운동에 반대하던 조선일보계의 안재홍·김준연이 이 사실을 조선민흥회朝鮮民興會(물산장려회의 민족주의자와 서울청년회계의 사회주의자들이 결합하여 1926년 9월 창립한 최초의 협동전선체)에 알려 연정회를 무산시켰다.

안재홍·김준연이 자치운동의 진행을 조선민흥회에 통보하자, 명제세는 회원들과 대응책을 협의한 뒤, 최린을 두 차례나 찾아가 힐난하면서, 만약 자치운동 단체를 조직하면 방관하지 않고 폭력으로 제지하겠다고 협박하였다. 이에 자치운동자들이 개최하려던 10월 13일의 '시사간담회時事懇談會'라는 명목의 준비위원회는 14일로 연기되었다. 14일의 모임 또한 회합 장소인 명월관에서 민흥회와 전진회前進會(서울청년회 계열의 사회주의 단체)의 회원 여러 명이 진을 치고 방해하였으므로 성사되지 못하였고, 이로써 연정회를 부활시키려는 기도는 좌절되었다. 이는 작은 규모의 협동전선체라도 자치운동을 분쇄할 수 있다는 가능성을 보여준 사건이었다.

자치운동이 다시 등장하여 정치세력화하려던 1926년 말, 안재홍은 자치운동을 강하게 비판하며, 타협하지 않은 민족해방운동 세력의 협동을 호소하였다. 그는 『조선일보』에 연재한 「조선 금후今後의 정치적 정세」(1926년 12월 16~19일)라는 사설에서, 앞으로 2~3년 안에 '우경적 타협운동'이 대두하리라 예상하면서, 지금의 정세는 '좌경(비타협)'이냐 '우경(타협)'이냐 하는 양분 구도가 필연이라 전망하였다.

안재홍은 당시의 운동노선을 타협운동(=자치운동), 이에 대치하는 비타협 민족운동(=민족주의운동), 사회운동(=사회주의운동)의 세 갈래로 나누고, 사회운동을 '최좌익'으로 분류하여 하나의 정치 세력·노선으로 인정하면서, 사회주의운동도 '좌익'의 범주에 포함시켰다. 이러한 논리로 당시의 정치세력을 다시 둘로 줄이어, 좌익(=좌경, =비타협 세력)과 우익(=우경, =타협세력)으로 나누면서 '좌경'에 비타협 민족주의운동과 사회주의운동을 함께 넣었다. 이때 좌익(좌경)은 '비타협'이란 뜻으로, 일제에 대항하여 반反제국주의 협동전선에 참여하는 운동세력을 가리켰다. 여기서 '좌익'·'우익'이 요즈음과 달리 쓰이고 있음에 유의해야 한다.

아산 현충사에서 벽초 홍명희 선생과 함께

두 사람은 신간회를 창립하는 최초의 주도자, 주역이었다(1904년 전후 조선어학회 시절로 추정됨, 왼쪽이 홍명희, 오른쪽이 안재홍).

신간회 창립에 앞장서다

안재홍을 비롯한 비타협 민족주의자(좌익민족주의자)들은, 자치론자들이 자치운동단체를 조직하려는 빠른 행보에 위기를 느꼈다. 이에 자치운동에 대응해 시급히 자신들을 결집시킬 목적으로 신간회를 발기하고 창립을 서둘렀다. 안재홍은 1926년 말부터 자치운동에 대항하는 비타협 민족주의자들의 조직을 결성하기 위하여 움직였고, 이는 마침내 1927년 2월 신간회新幹會로 결실을 맺었다.

신간회는 '자치운동'을 배격하고 '완전독립'·'절대독립'의 비타협 민족주의운동 노선을 확립하려는 비타협 민족주의자들의 조직체로 출발하였다. 신간회를 발기한 34인(또는 27인)은 모두 비타협 민족주의자들이었다. 이들 가운데 뒷날 조선공산당에 가입하는 김준연·한위건도 신간회를 발기할 때는 공산주의자임을 내세우지 않았으며, 비타협 민족주의의 사명을 강조하였다.

1926년 말 평안북도 정주의 오산학교五山學校 교사 홍명희가 겨울방학을 맞아 경성에 올라와 최남선을 방문했다. 홍명희는 최남선에게서 자치운동의 목표와 진행상황을 전해 들으며 밤 새워 자치문제를 토의하였다. 자치운동이 이미 꽤 진전되었음에 놀란 홍명희는 다음날 안재홍을 방문하였다. 두 사람은 신석우를 불러들여 함께 대책을 협의한 끝에, 신속히 '진순眞純한 민족당'을 결성하기로 결정하였다. 이들 세 사람은 권동진·박래홍·박동완·한용운·최익환 등의 찬동을 얻었고, 베이징에 있는 신채호에게도 연락하여 발기인에 참여시켰다. 그리고 신석우가 총독부와 교섭하여 창립 허가를 받아 1927년 2월 15일 신간회를 창립하였다.

안재홍·홍명희·신석우 3인이 신간회를 창립하기 위하여 본격 활동을 시작한 시기는, 12월 중순에서 하순 사이로 보인다. 이들 3인은 '신간회 창립의 최초의 주도자'였다. 더 정확히 말하면, 신석우는 신간회가 창립되기까지 총독부와 접촉하는 명목상의 대표였고, 안재홍·홍명희야말로 함께 신간회를 발기·창립하고 내부조직을 완성하는 두 주역이자 핵심인물이었다.

안재홍이 "타협이냐, 그 타협이냐 오인吾人은 너를 사랑할 수 없다."고 말했듯이, 자치운동에 대항하여 절대독립을 추구하는 비타협 민족주의자들은 비타협 민족주의 단체로 신간회를 결성하였다. 이들은 신간회를 창립해 자치운동을 분쇄하는 한편, 정치·경제의 므든 방면에서 민중의 각성을 촉진하고, 전 민족의 단결을 꾀하고자 하였다.

비타협 민족주의자들은 '진순한 민족당'의 명칭을 처음에는 '신한회新韓會'로 지으려 하였으나, '한민족' 또는 '대한大韓'을 떠올리는 '한韓'이 일제와 절충되지 않아 등록허가를 받지 못하였다. 그러다 옛날에는 '한韓'과 '간幹'이 같은 뜻으로 사용되었으며 '고목신간古木新幹'·'신간출고목新幹出枯木'이라는 말도 있다는 제안에 따라, 홍명희가 지은 '신간회'로 결정하였다. 이승복·홍기문(홍명희의 아들)·신석우가 강령을 작성하는 일을 주도하고, 신석우가 이를 가지고 총독부와 접촉하여 신간회를 창립하였다.

요즈음 '좌익'하면 사회주의·공산주의를, '우익'하면 보수주의 또는 민족주의를 떠올리지만, 신간회운동 때 '좌익·우익'이라는 말은 이와는 다르게 쓰였다. 이 당시는 일제에 타협하여 자치론을 주장하며 자치운동을 획책하던 부류를 '우경'으로, 이에 대항하여 절대독립론을 견지하며 타협하지 않은 정치세력을 '좌익'이라 불렀다. 즉 좌익은 타협하지 않았다는 '비타협'의 뜻을 지니면서 자치운동에 반대·대항하는 세력을, 우익은 '타협'하였다는 의미의 자치운동을 가리켰다. 안재홍도 일제에 타협하지 않은 비타협 민족주의를 '좌익민족주의'라 불렀고, 스스로 '좌익'을 자처하면서, 신간회의 노선을 '비타협 민족주의에 선 좌익민족주의'라고 규정하였다.

1927년 1월 19일 신간회는 발기인대회를 개최하고, 다음과 같은 3개항의 강령을 채택하였다.

1. 우리는 정치적 경제적 각성을 촉진한다.
1. 우리는 단결을 공고히 한다.
1. 우리는 기회주의를 일체 부인한다.

위의 강령은 다소 모호한데(이러한 점이 뒤에 신간회를 해소하려는 사회주의자들에게 빌미를 제공하였다), 일제에게 허가를 받기 전의 강령 초안은 이보다 분명하였다.

1. 조선민족의 정치적 경제적 구경해결究竟解決을 도모한다.
1. 민족적 단결을 도모한다.
1. 타협주의를 부인한다.

공개된 강령을 보면, '조선민족'·'민족적'이라는 주체가 '우리는'으로, '독립'을 뜻하는'구경해결'이 '각성'으로, 자치운동을 가리키는 '타협주의'가 '기회주의'라는 에두른 표현으로 바뀌었다.

어쨌든 신간회는 자치운동을 배격하는 당면 목표를 내세우고 출발하였다. '기회주의'란 바로 연정회와 같은 자치운동 노선을 가리켰다. 안재홍은 신간회를 발기하는 데에 앞장섰을 뿐 아니라, 중국에 있는 신채호에게 연락하여 사양하는 그를 설득해 발기인으로 참여케 하였다. 이리하여 안재홍·홍명희를 필두로 하는 34인의 발기인대회를 마치고 강령을 공표하였다.

마침내 2월 15일 오후 7시, 신간회는 서울 종로의 중앙기독교청년회관 대강당에서 창립총회를 개최하였다. 이 날 참석한 회원만 200여 명이었고, 무려 천여 명의 방청객이 모여들었다. 그리고 2월 21일 간사회를 열어 각 부의 총무간사를 선정하였다. 이로써 창립기의 신간회 중앙본부 임원은 회장 이상재, 부회장 권동진, 서무부 권태석, 재무부 박동완, 출판부 최선익, 정치문화부 신석우, 조사연구부 안재홍, 조직부 홍명희, 선전부 이승복으로 확정되었다. 안재홍은 조사연구부 총무간사로서 신간회 중앙본부의 중심에서 활동하였다.

신간회를 발기·창립하는 데에는 안재홍을 비롯한 조선일보 계열의 사람들이 앞장섰다. 7명의 총무간사 가운데 4명(최선익·신석우·안재홍·이승복)이 조선일보 계열이었음은 이를 단적으로 말해 준다. 이후 신간회의 지역 대표들도 조선일보와 관계되는 사람들이 많았다. 『조선일보』는 신간회가 발기될 때부터 신간회를 대변하며 마치 신간회의 기관지 구실을 자임하였는데, 안재홍의 신간회운동도 조선일보와 밀접한 관련이 있었다.

신간회의 노선을 세우다

안재홍은 신간회의 조사연구부 간사로 조직의 중심에 서서 신간회를 이끌었다. 그는 민족주의운동의 이론가답게 신간회운동의 목표·성격과 진로를 『조선일보』를 매체로 삼아 제시하였다. 안재홍은 비타협 민족주의자들의 결집체로 출발한 신간회를 '민족주의의 좌익전선' 또는 '민족적 좌익전선'으로 규정하면서, 이의 사명과 운동방향을 다음과 같이 설정하였다.

> 그리하여 우경적 사상을 배척하고 민족주의의 좌익전선左翼戰線을 형성하여, 써 변동되려는 시국에 책응策應하고 그 성과를 후일에 기코자 함이 그 목적이라 한다. … 기회주의의 부인은 민족주의의 좌익전선을 형성하려 하는 자들로서는 또 없어서 아니될 조건일 것이다.… 민족적 좌익전선을 형성하여 우경적 사상 및 그 운동을 배척하고 대중으로 하여금 일정한 목적의식에 의하여 그의 반발적反撥的 전진을 계속케 하도록, 그의 존재의 의의와 및 시대의 사명을 …

안재홍은 신간회가 비타협 민족주의자(좌익민족주의자)들을 결집한 뒤, 이를 밑둥으로 삼아, 자신들의 헤게모니 아래 신간회를 비타협 민족주의 노선을 굳게 세우는 협동전선체로 발전시키려 하였다. 좌익민족주의자들이 운동의 제1선에서 앞장서고, 사회주의(공산주의)운동이 제2선 또는 측면에서 이를 지원·응원해야 한다는 민공협동론은 8·15 해방 후에도 일관한 안재홍의 신념이었다.

안재홍을 비롯한 좌익민족주의가 주도하는 신간회의 이념에, 당시 사회주의자들도 공감하여 개인 자격으로 참여하였으므로, 신간회는 좌익민족주의와 사회주의의 민족협동전선체로 발전하였다. 요즈음 신간회를 민족주의자와 사회주의자들의 협동전선이었다고 보거나, 또 8·15해방 후의 좌우합작운동을 연상하여 좌우합작운동이었다고 주장하는 경우가 있는데, 이러한 성격규정들은 크게 잘못되었다.

좌·우를 논할 때는, 좌익·우익의 개념과 실체는 항상 변하므로 일률로 규정할 수 없다는 상식을 반드시 염두에 두어야 한다. 신간회운동 당시의 좌·우의 개념도 오늘날의 상식과는 자못 달랐다. 신간회가 결성될 무렵 좌·우의 개념은 '좌=사회주의', '우=민족주의'가 아니라, '비타협=좌익', '타협=우익'을 뜻하였다. 학자와 논자에 따라서는 자치론·자치운동을 주장하였던 동아일보계·천도교 신파의 노선(8·15해방 후 남한에서 주류 세력을 이루었다)을 민족주의 우파로 이해하는 사람도 있으므로, 신간회를 막연하게 민족주의와 사회주의자의 결합이라고 본다면 오해할 부분이 많이 남는다. 자치론·자치운동의 민족개량주의가 민족주의의 범주에 들어가느냐 여부는 논쟁의 여지가 있다 하더라도, 신간회는 분명 우익 민족개량주의(자치운동)를 배격하는 목표로 일어났다.

신간회운동을 좌우합작운동이라고 규정하는 논리는 더욱 잘못되었다. 8·15해방 후 제1차 미소공동위원회가 결렬되는 1946년 5월부터 일어난 좌우합작운동은 미소공동위원회를 다시 속개시킴으로써 통일민족국가를 수립하려던 민족협동전선운동이었다. 안재홍은 좌우합작운동에 한민족의 사활이 걸렸다고 판단하고, 이의 성공을 위하여 온갖 노력을 다 기울였다. 그러나 동아일보계가 주류를 이룬 한국민주당은 좌우합작운동을 결코 지지하지 않았다.

안재홍은 식민지시기부터 민족의 절대독립을 위해 사회주의자들과 협동할 수 있다고 믿었고, 또 이를 주장하며 실천하였다. 반면 동아일보계의 자치운동자들은 식민지시기부터 이 문제에 냉담하였으며, 8·15해방 후에도 이러한 태도를 그대로 지속하였다. 이들은 여운형·안재홍이 주도했던 건국준비위원회조차 '분쇄'·'타도'해야 할 적으로 규정하면서 건국을 위한 협동을 거부하였다. 동아일보계의 한국민주당은 여운형·김규식·안재홍 등이 추진했던 좌우합작운동을 '기회주의'·'회색분자' 등 갖은 말로 공격·비난하면서 헤살을 부리었다.

이상의 두 가지 이유에서, 신간회운동을 좌우합작운동이라고 규정할 수 없다. 신간회는 우익개량주의인 자치운동을 제압하기 위하여 조직된 단체였으므로, 이는 좌익민족주의와 사회주의자들 사이의 민족협동전선이라고 말해야 옳다.

안재홍은 신간회의 임무를 '비타협적 민족주의의 입장에서 민족적 정치투쟁'이라고 못박았다. 그리고 신간회운동의 지향점을 다음 두 가지로 설정하였다. 첫째, 타협운동(자치운동)을 배격한다. 둘째, 좌익민족주의자가 주도권을 장악함으로써 신간회운동이 계급운동의 차원이나 급격한 정치투쟁으로 진행되는 경향을 막아야 한다.

안재홍은 사회주의운동을 민족해방운동의 한 갈래로 인정하였지만, 한민족의 역사발전 단계는 이제 민족주의를 경유하는 과정에 있으므로, 벌써 공산주의혁명을 일으켜 공산주의 체제·국가를 수립할 때가 아니라고 보았다. 또한 조선의 민중이 정치투쟁(계급투쟁)의 전면에 나설 만큼 성장했다고 수긍하지도 않았다.

좌익민족주의는 자치운동과 계급투쟁을 동시에 배격하였다. 안재홍은 신간회라는 합법 표현단체를 결성하여 민중을 훈련·지도하려 하였다. "대중적으로 표면적으로 조직적으로 따라서 통일적으로, 행동은 되도록 합법적이요 그 역량은 가장 웅대하게 하자는 데에 있는 것이다."는 말에서 이러한 의도가 잘 드러난다.

이상을 정리하면, 안재홍이 규정한 좌익민족주의는, 자치운동 등의 타협주의운동과 계급주의인 공산주의운동을 모두 배격하고, '의식적 중간세력'인 소부르주아지(민족부르주아지)가 민족해방운동의 주도권을 지니면서, 민족자본주의民族資本主義를 지향하는 합법운동 노선을 뜻하였다.

당시 사회주의자들은 신간회를 '민족단일당民族單一黨'으로 규정하면서, 농민·노동자·자본가를 동원하여 즉각 정치투쟁을 행하자고 주장하였으나, 안재홍은 이에 반대하였다. 그는 고작 발생기·생장기에 있는 신간회에 과도한 기대를 섞어 처음부터 급격한 정치투쟁으로 나아간다면, 이는 너무 지레 세운 계획'大早計'이라고 비판하였다.

안재홍은 신간회를 '민족단일당의 매개형태'로 규정하였다. 이는 신간회가 민족단일당을 지향하는 과도형태일 뿐이드로, 민족해방을 당면

구호로 내걸고 즉각 정치투쟁을 행하는 기관이 되기에 앞서, 전위분자가 민중을 교양·훈련하는 조직화의 과정을 더 거쳐야 하며, 또 이러한 투쟁은 합법 형태를 띠어야 한다는 뜻이었다.

안재홍은 민족해방운동은 한 막으로 끝날 일'一幕物'도 아니요, 한 번으로 끝날 싸움'一交戰'도 아니므로 경솔하게 급조할 바가 아니라고 설득하면서, "할 일은 무겁고 가야 할 길은 멀다任重道遠"는 옛 사람의 말로 충고하였다.

신간회의 조직화에 힘쓰다

신간회운동은 초기에는 비타협 민족주의 노선이 주도하였다. 신간회는 창립을 마친 뒤, 각 군별로 지회를 설립해 나가며, 농민·노동·학생·청년·여성 등 부분 운동에서도 민족협동을 강화하였다. 안재홍도 지적한 대로, 신간회는 창립 후 처음 3개월 동안은 내부 조직을 정비하고, 5월 이후 지회 설립 운동을 활발하게 전개하여 3일에 지회 하나가 증가하였다. 가을에는 2일에 1지회, 1일에 40인의 회원이 증가하였고, 나아가 3일에 2개의 지회가 생겨나는 속도를 보여, 마침내 1927년 12월에는 지회가 100개를 넘어서는 성과를 거두었다. 1928년 12월에는 지회 수 143개, 회원 2만 명을 돌파하였다. 물론 지회를 설립하는 과정에서, 이를 주도한 많은 사람들이 구속당하는 등 일제의 탄압은 끊이지 않았다.

신간회 중앙본부는 1927년 7월부터 전국 각 지역을 돌며 지방순회강연을 시작하였다. 안재홍은 중앙간부 가운데 누구보다 앞장서 지방순회

강연을 많이 했는데, 이는 신간회가 조직화 과정에 있다는 그의 운동론에서 말미암았다. 순회 강연은 신간회 지회 설립을 촉진하는 목표와 밀접한 관련이 있었으며, 안재홍·권태석·이병헌 등 많은 연사들이 강연 내용으로 구속되기도 하였다.

안재홍은 1927년 7월 1일 황해도 해주지회 설립 대회에 참석해 축하 강연을 하였으며, 1927년 9월 25일 전라남도 나주지회의 설립대회에서 연설하였고, 10월 19일 경상남도 진주지회 설립대회에도 홍명희와 함께 참석하여 격려하였다. 안재홍이 지방순회강연에서 어떠한 연설을 했는지는, 1927년 9월 4일 경상북도 상주지회의 설립대회에서 기념강연한 내용을 보면 짐작할 수 있다.

일제 관헌官憲 자료는 이 강연 내용을 "논봉論鋒이 예리하고 조선통치의 근본을 찌르는 바 있다."고 평하면서, 다음과 같이 3개 항목으로 요약하였다.

1. 1919년의 독립운동은 이 자체는 실패로 돌아갔지만 정신으로는 우리 민족에게 준 교훈이 컸다. 앞으로 전민족이 단결하여 실제 행동으로 나아감이 필요함.
2. 오늘날과 같은 교육제도는 결국 조선혼朝鮮魂을 소멸시키게 되므로 조선인에게는 조선인 본위의 교육을 시행함이 필요함.
3. 산업교통의 모든 정책을 보면 다 일본인 본위로 되어 있어 조선인을 이롭게 하는 바는 하나도 없을 뿐더러 도리어 우리들을 멸망으로 이끌어가고 있음.

안재홍은 3·1민족해방운동의 정신을 일깨우면서, 신간회는 전 민족이 단결하여 민족의 '완전독립'·'절대독립'의 결전決戰을 준비해야 한다고 촉구하였다. 이를 위해서는 민족정신을 보전하는 조선인 본위의 교육을 쟁취하자고 주장하는 한편, 식민지 수탈정책의 실상을 폭로하였다.

신간회는 창립 후 1년 동안 "지회를 설치해 나가는 데 전력을 기울인" 조직화의 과정을 거쳤다. 이로써 민족단일당을 결성하고 절대독립을 추구하는 민족운동 세력을 결집하였다. 그리고 조선민족이 고통받는 현장으로 달려갔다. 1927년 12월 결성된 재만동포옹호동맹在滿同胞擁護同盟은 대표되는 예인데, 이해 9월부터 조선일보 주필과 발행인을 겸하였던 안재홍은 조선일보를 동원하여, 이를 지원하는 신간회 활동을 이끌었다.

1925년 6월 11일 조선총독부 경무국장 미쓰야三矢宮松와 만주 펑톈성奉天省 경찰청장은, 만주에 거주하는 조선인을 단속할 목적으로 이른바 미쓰야 협정三矢協定을 체결하였다. 이후 만주 당국과 만주인들은 조선인 이주민을 더욱 탄압했으며, 만주인과 조선인 이주민 사이에 작은 충돌이 끊이지 않아 조선인이 살해되는 경우도 자주 발생하였다. 마침내 1927년 12월 만주에서 중국 관헌들이 조선 동포를 집단으로 축출하는 사태가 사방에서 일어났다.

신간회 본부는 이 사건을 중대한 민족문제로 보고 재만동포옹호운동을 전개하였다. 12월 9일 전국 각 단체의 대표들을 서울에 모아 재만동포옹호동맹을 결성하고, 이튿날인 10일 부서와 성명서를 발표하였는데, 안재홍은 위원장으로 선임되어 이 운동을 주도하였다. 안재홍은 조선일보라는 언론매체를 이용하여 재만동포 문제를 부각시키면서, 신간회가 만주의 조선인을 지원하는 재만동포옹호운동에 나서도록 촉구하였다.

신간회가 지회를 설립하는 데 전력을 기울여 민족단일당의 모습을 갖추자, 일제는 1928년 2월에 열기로 한 제1회 전국대회를 금지시켰고, 이보다 앞서 사설을 문제 삼아 조선일보를 탄압하였다. 이 필화 사건으로 조선일보의 발행인이자 신간회의 총무간사인 안재홍, 조선일보의 편집인이자 신간회의 간사인 백관수(신간회의 발기인이기도 하였다)가 구속·기소되었다.

문제가 된 사설은 이관구가 집필한 1927년 1월 21일자의 「보석保釋지연遲延의 희생」이었다. 『조선일보』는 일제의 감옥제도·고문 등 인도주의에 어긋나는 처사를 자주 비판하였는데, 이 사설도 이 문제를 따져 일제 당국을 다시 비난하였다. 일제는 신문의 발매·반포를 금지한 뒤 신문을 압수하였고, 25일에는 안재홍·백관수·이관구의 집을 수색하여, 안재홍·백관수를 구속·기소하고 이관구는 불기소하였다.

이후 4월 28일 언도공판에서 안재홍은 구형대로 금고 4개월을, 백관수는 벌금 100원을 언도받았다. 안재홍에게는 두 번째 옥고였다. 필자를 불기소하고, 발행인·편집인을 구속한 이유는, 이 두 사람이 신간회 중앙본부의 중심 인물이었기 때문이다.

"조직한 뒤에 투쟁한다"는 비타협 민족주의 노선이 주도한 신간회는, 창립 10개월째인 1927년 12월 104개의 지회를 설립하여 경축식을 가질 만큼 조직운동에 성공을 거두었다. 그러나 일제도 지적한 바 있는 '막연한 강령', "적극적 행동이 나오는 것을 피하는" '온건한 태도'를 비판하는 성공한 지회의 목소리도 높아갔다. 비판의 요점은, 신간회가 지회를 확산·성장시키는 데 걸맞은 뚜렷한 활동지침을 마련하지 못함으로써, 신간회의 사명인 '민족적 정치투쟁'을 실행하는 방안조차 제시하지 못한다는 데 있었다. 또 단체가입제가 아닌 개인 가입제를 채택한 신간회는 노동·농민·청년·여성 단체를 직접 지도하지 못한다는 지적도 끊이지 않았다.

이에 사회주의 성향이 강한 일부 지회에서는, 신간회가 행동강령을 확립하고 조직 형태를 중앙집권제에서 지회 중심제로 개편해야 한다는 원칙을 제시하면서, 회장제를 집행위원제로 바꾸고, 개인가입제를 단체가입제로 전환해야 한다고 본부에 요구하고 있었다.

창립 1주년 기념대회를 금지당하였는데도, 뚜렷한 행동강령과 활동지침을 마련하지 못하는 중앙본부의 지도부는 이 같은 내부의 비판에 답해야만 하였다.

신간회의 당면과제를 제시하다

1928년 3월 신간회 중앙본부는 민족운동의 당면과제로 다음 6개 항목을 발표하고 지회에 하달하였는데, 이는 바로 안재홍이 구상한 바였다.

1. 농민교양에 적극적으로 노력한다.
2. 경작권의 확보 및 외래이민外來移民을 방지한다.
3. 조선인 본위의 교육을 확보한다.
4. 언론·집회·결사·출판의 자유를 획득하기 위한 운동을 전개한다.

5. 협동조합운동을 지지하고 지도한다.

6. 심의단발深衣斷髮의 여행勵行으로 백의白衣와 망건網巾의 폐지를 고조한다.

비타협 민족주의의 이론가인 안재홍은, 신간회 내부의 비판과 일제의 탄압에 맞서, 평소 그가 주장하였던 신간회운동론에 근거를 두고 신간회의 당면과제를 위와 같이 6가지로 제시하였다. 그리고 『조선일보』의 사설 「실제운동의 당면과제 – 신간회는 무엇을 할까」(1928. 3. 27)에서 이를 하나하나 들어 자세히 설명하였다.

안재홍이 제시한 신간회의 활동지침은 이후 그의 민족운동과도 관계있으므로 좀더 살펴볼 필요가 있다.

'첫째 농민교양에 적극적 노력'

안재홍은 경제가 낙후한 조선에서 동작역량動作力量 즉 운동역량의 기본부基本部가 전 인구의 83퍼센트를 차지하는 농민층에 놓여 있는 객관성을 들어 농민교양운동의 필요성을 설명하였다. 그는 "농촌을 농민에게로" 돌려주기 위한 농민교양운동의 가장 시급한 과제로 문맹타파를 먼저 꼽았다. 사실 인구의 80퍼센트 이상이 문맹인 현실에서 농민교양운동은 바로 문맹타파운동이라 할 수 있을 만큼, 문맹타파는 조선농촌의 매우 절실한 문제였다.

안재홍의 민중관은 1929년 문자보급운동을 전개하는 과정에서 더욱 분명하게 드러났다. 그에게 민중은 계몽할 대상이었지, 아직 정치투쟁의 주체는 아니었다. 그는 귀농운동歸農運動은 곧 농민교양이요 무식근절

경제수탈을 위해 세운 동양척식주식회사(1908)

無識根絕의 운동이라고 말하면서, 문자보급운동(한글보급운동)이 곧 농민교양운동이라고 주장하였다.

'둘째 경작권의 확보 및 외래 이민의 방지'

이는 조선의 농토를 조선의 농민에게 돌려주는 일이었다. 안재홍은 제 나라 땅을 등지고 무리를 지어 나라 밖으로 떠나는 농민의 실정을 수치로 제시하면서, 농민의 경작권이 확보되어야 한다고 강조하였다. 그는 조선 농민의 경작권을 저해하는 근본 원인은 일본인 이민이 토지를 점유하는 데 있다고 지적하면서, 일본인 이민을 막는 일이 긴급하다고 주장하였다.

실지 동양척식주식회사는 조선인의 토지를 약탈하다시피 헐값으로

매입한 뒤, 이를 소작인에게 빌려주어 50퍼센트가 넘는 높은 소작료를 징수하였고, 영세 소작농에게 빌려준 곡물의 대가로 20퍼센트 이상의 고리를 추수 때 현물로 거둬들였다. 나아가 일본인 농업이민을 불러들이는 사업'招致事業'을 전개하면서, 약탈한 토지의 일부를 일본인 이주자에게 다시 싼값으로 양도하였다. 여기에는 조선의 주요 도시뿐만 아니라 농촌에도 일본인 촌락을 건설하여 조선지배의 거점을 삼으려는 일제의 야욕이 깔려 있었다.

이로 인해 조선 농민이 토지를 빼앗겨 잃고 정든 고향을 떠나 떠도는 현상은 날로 격증하였다. 1920년대 조선 농민은 동양척식주식회사를 상대로 격렬한 소작쟁의를 일으켰다. 1926년 12월 28일 의열단원 나석주가 톈진에서 귀국하여 식산은행殖産銀行과 동양척식주식회사에 폭탄을 던진 사건은 바로 이와 같은 민중들의 증오·분노를 대변한 거사였다.

조선 농민의 토지를 약탈하는 일제의 정책에, 안동지회·안성지회·김제지회·정읍지회 등 신간회 지회들도 거세게 저항하였다. 일본인 이민을 금지시켜야 한다는 주장은 요란한 정치구호가 아니었지만, 조선 농민의 사활이 걸려 있는 농업문제의 근본을 바로 본 통찰이었으며, 일본 제국주의 침략의 첨병을 저지하려는 민족운동이었다.

'셋째 조선인 본위의 교육의 확보'

안재홍은 조선인 본위의 교육을 확보하는 운동은 대중계몽운동과 병행할 과제라고 주장하였다. 그는 조선인을 일제에 순응하는 인간으로 만들려는 동화정책, 이를 목표로 하는 일제의 교육정책을 강도 높게 배격

토지조사사업을 위한 토지측량

하면서, 식민지 교육을 철폐하고 조선인 본위의 교육을 실현하기 위해서 투쟁하자고 촉구하였다. 그는 일제가 조선인을 교육하는 방침이, 조선인을 일본인으로 '흡수융해吸收融解'하려는 조선융화朝鮮融和가 본뜻이라고 지적하면서, 이를 "무골한無骨漢의 제조製造를 위한 명령교육螟蛉教育(명령은 의붓자식)"이라고 매섭게 비판하였다.

안재홍은 조선의 모든 문제는 일제의 조선통치에서 생겨나며, 일제의 조선통치는 바로 '동화주의同化主義'를 표준으로 세워 운용된다고 용기 있게 파헤쳤다. 그는 일제가 설정한 교육목표도 동화정책에 있으므로, 이는 명령교육·노예교육일 뿐이라고 잘라 말하였다. 무엇보다 그는 조선인의 '자연의 국어'인 조선어를 소멸시키려는 일제의 교육정책을 비난하며, 초등교육에서 일본어를 폐지하고, 조선의 교육용어를 조선어로 개정하라고 요구하였다.

신간회 지회들도 '조선인 본위의 교육'을 외치면서 교육제도와 학교 운용을 개선하기 위해 활동하는 한편, 농민들의 문맹퇴치와 민족의식을 고취하기 위해 야학을 설치하고 교육운동을 전개하였다. 야학운동은 전국의 모든 지회에서 활발하게 일어났다.

'넷째 언론 · 집회 · 결사 · 출판 자유의 획득 및 그를 위한 운동'

안재홍은 이를 말하면서, 먼저 과거의 자신을 비롯하여 '지사'들이 추구했던 '정치적 개결성介潔性' 즉 절개주의節介主義를 '고정된 관념'이라고 반성하였다. 그는 오늘날 조선인 대중이 홀로 굳건하고 깨끗하기를 추구하는 절개주의를 버리고 '적극적인 투쟁적 동작'으로 진출하기 위해서는, 언론·집회·결사·출판의 과다한 구속을 풀고 자유를 획득하는 일이 가장 긴절緊切한 요구라고 주장하였다. 그는 조선인의 정치운동을 애당초 가로막는 억압을 철폐하는 투쟁이야말로 '적극적 투쟁'으로 나아가는 첫발임을 강조하였다.

'다섯째 협동조합운동을 지도 및 지지할 것'

안재홍은 협동조합운동 가운데서도 무산無産 인민에 중심을 두는 소비조합운동을 제안하였다. 그는 협동조합운동의 목표와 형태를 다음과 같이 둘로 나누었다. 첫째, 생활력 있는 소부르주아지가 프롤레타리아로 전락함을 방지하는 협동조합. 둘째, 각종의 상업중개자들에게 착취당하는 소비자들의 생활 기초를 보호하고 이들의 '동작역량'을 증진시키는 협동조합.

안재홍은 이 두 가지 가운데 소부르주아지보다는 무산대중에 중심을 두는 소비조합을 중시하였다.

이 시기 협동조합은 대체로 소비조합·생산조합·신용조합을 포괄하여 가리켰는데, 안재홍은 소비조합에 중점을 두었다. 그는 신용조합의 한 형태인 시골금융조합은 재정문제의 어려움 때문에 결국 "조선서는 꽤 잘 산다는 중산계급이나 되는 사람들의 금융기관"이 되어 버려, 가난한 농민들과는 아무런 인연조차 없다고 지적하였다. 따라서 농촌금융을 위해서는 우선 소비조합부터 출발하여 약간의 저축이라도 만들어서 비싸지 않은 이자로 돌려쓰면 돈을 보탤 수 있다고 설명하였다. 그는 농촌협동조합운동이 중산계급 중심이 아니라, 근로농민, 누구보다도 빈농이 위주가 되어야 한다고 주장하였다.

안재홍이 중산계급보다도 무산대중·빈농을 위주로 하는 소비조합을 강조한 까닭은 당시 농촌의 실상을 정확히 파악하였기 때문이다. 부동산을 저당으로 잡아 장기 대출해 주던 조선식산은행의 경우, 대부貸付 대상자는 저당 경지 면적이 최저 10~15정보 이상의 토지 소유자였는데, 이는 중규모 이상의 지주에 해당되었다. 소지주·자작농 상층에게는 식산은행의 하위 기관인 금융조합이 주로 대부하였는데, 역시 담보 대출을 원칙으로 하였고, 일부의 보증 대부도 지주·자작농과 이들로 구성된 단체·농회農會에 한정하였다.

따라서 담보·보증을 제시할 수 없는 영세소농들은 대부를 받을 수 없었다. 실제 저리 자금을 필요로 하는 영세소농들은 지주들이 대출 받은 저리 자금(식산은행과 동양척식주식회사의 농사개량자금의 이자율은 담보 대부가 7푼 9리, 보증 대부가 9푼 6리)에 높은 이자(농촌의 개인 금리인 고리대는 평균 35.2퍼센트)를 지불하고 다시 빌려 쓸 수밖에 없었다.

어쨌든 토지개량·농사개량의 목적으로 방출된 저리 자금은 주로 지주에게 집중되어 점차 고리대의 성격을 띠며 농가경제를 몰락시켰고, 영세 소농들은 자구책으로 신용조합을 조직하였다.

8·15해방 후에도 안재홍은 소비조합을 기반으로 하여, 농민들의 어려운 경제를 해결하는 농민본위의 협동조합을 수립하려 하였다.

'여섯째 심의단발의 여행으로 백의와 망건의 폐지를 고조할 것'

안재홍은 노동을 천시하던 풍조를 비판하면서 한민족의 삶의 양식을 새롭게 바꾸자는 생활개신生活改新을 주창하였다. 그는 백의·망건이야말로 '유식遊食의 표상表象'이요 '쇠퇴의 기호'이며 '망국의 망령'조차 떠올리게 하므로, 신간회 회원부터 시작하여 다른 단체들까지 모두 '심의단발'에 힘써 '민중적 결심'과 '민족적 결심'의 일대표상一大表象으로 삼자고 호소하였다.

생산력을 증진시키고 국부國富를 개발하는 '근로역작勤勞力作'을 강조하는 안재홍에게, 백의·망건은 '놀고 먹어' 나라를 멸망에 이르게 한 양반들의 거드름의 상징이었다. 그는 노동을 천시하는 관존사상官尊思想의 '서생도書生道'가 조선사회를 좀먹고, 끝내는 나라를 멸망에 이르게 하였음을 신랄하게 비판하였다. 그는 "검은 얼굴로, 굵은 손가락으로, 순직한 마음으로, 성실한 태도, 그리고 굳세고 용감한 의지로, 땅을 밟고 땀흘리면서 농경"하는 '농민도農民道'가 곧 '조선도朝鮮道'임을 외쳤다.

안재홍은 '유식遊食하는 자'를 '변절하는 자'들과 함께 묶어 "땀 아니 흘리고 노작勞作하지 않고 부귀를 누리려는 자들을, 천시賤視 적시賊視해야 할 것이다."고 질타하였다. 그는 '양반도'에 대립시켜, 노동도(='농민도'·'일꾼의 도'·'野人道'·'상놈道')를 제창하며 '노동역작'을 역설하였다.

8·15해방 뒤 완성되는 안재홍의 신민족주의 이념은 '만민개로萬民皆勞'를 무척이나 중시하였는데, 노동이야말로 국가건설의 근본이라고 생각하였기 때문이다. 그는 노동이 모든 번영의 기초이고, 일하고자 하는 민중들의 의욕이 국가의 가장 중요한 자산이라고 생각하였다. 따라서 '놀고 먹는' 양반도의 상징인 백의·망건을 폐지함은 민족정신을 새로 세우는 작업이었다.

안재홍은 조선이 식민지라는 특수한 조건에 있음을 강조하면서, 지극히 정치성을 지닌 사안보다는, 점차 실현해 나가야 할, 그리고 실현 가능한 문제를 제기하였다. 이로써 민족운동의 기반을 다지고 완전한 독립에 다다르려 하였다. 그가 제시한 당면과제는 겉으로는 정치성을 띠지 않은 듯하지만, 민족운동의 영역을 확장하려는 정치운동이었다.

6개 항의 당면정책이 지회운동에 많은 영향을 끼쳐 나가자, 일제는 온건한 듯 민족운동을 선도한 안재홍과 조선일보를 탄압·보복하였다. 일제는 안재홍이 집필한 『조선일보』의 사설 「제남사건濟南事件의 벽상관壁上觀 – 다나카 내각田中 內閣의 대모험」(1928. 5. 9)을 빌미로 삼았다. 이 필화사건으로 『조선일보』는 무기정간을 당하였으며, 안재홍은 구속·기소되었다. 그는 금고 8개월을 받아 세 번째 옥고를 치르면서 조선일보의 발행인에서 물러났다.

지난 사건이란 일본이 산둥山東을 침공함으로써 중국·일본 양군 사이에 일어난 무력충돌을 말한다. 전투는 11일만에 끝났지만, 누가 보더라도 이 사건은 일본이 대륙침략의 야욕을 드러낸 사건이었다. 안재홍은 일제가 중국 대륙을 침략하는 전조인 산동 출병을 외국의 실례에 비교하여 비난하고, 이를 시도한 다나카 수상의 침략 경력도 폭로하였다.

일제가 사설을 압수하고 집필자를 구속하며 신문을 정간시킨 이유는, 이 사설이 일제가 중국을 침략한 의도와 실상을 분명하게 파헤쳤기 때문이다. "출병의 진의를 그릇 전하고, 국위를 내외에 손상시키는 비국민적 태도로… 이 같은 불령不逞한 태도로 나오는 신문지의 발행을 용인할 수 없으므로…"라는 그들의 지적은, 안재홍이 '출병의 진의'를 반일反日·반제국주의의 시각에서 날카롭게 파악하였음을 말해 준다. 일제는 이를 빌미로 안재홍·조선일보를 탄압하였지만, 여기에는 신간회와 조선일보를 갈라놓으려는 음흉한 술책도 깔려 있었다.

앞서도 보았듯이, 당시 『조선일보』는 신간회의 기관지 구실을 자임하였으며, 조선일보의 간부·기자들 가운데 신간회의 간부 또는 일반 회원으로 활동하는 사람들도 많았다. 중앙본부의 총무간사회가 주도하는 신간회 조직에서 7명의 총무간사 가운데 4명의 간사가 조선일보 계열이었다. 이는 조선일보의 논조 또는 노선이 신간회의 노선으로 보일 만큼, 신간회 안에서 조선일보 계열의 영향력이 컸음을 말해 준다. 조선일보 계열의 비타협 민족주의자들이 초기 신간회의 활동을 이끌었으며, 여기에는 안재홍의 주도력이 큰 몫을 하였다.

이에 일제는 신간회가 더 뻗어나가지 못하도록, 안재홍을 비롯한 조선일보 계열을 신간회에서 떼어내려 하였다. 조선일보의 발행인이자 사설의 집필자였던 안재홍은 구속·기소되어 1928년 5월 25일 「신문지법」 위반으로 금고 8개월을 받았으며, 『조선일보』는 무기정간을 받았다가(『조선일보』로서는 4차 정간이었다) 133일째인 9월 19일 무기정간이 해제되었고, 이틀 뒤인 9월 21일에야 신문 발행이 속간되었다. 무기정간을 해제하는 조건으로, 조선일보는 조선일보 계열의 신간회 간부·회원들을 신간회에서 탈퇴시키라는 일제의 타협안을 수용하였다. 좌익민족주의의 중심이었던 조선일보계가 신간회에서 물러남으로써 신간회 안에서 이들의 영향력은 한동안 줄어들었다.

당면과제를 실천하며 다시 협동을 호소하다

생활개신운동을 주도하다

1929년은 한국 민중운동사에 커다란 획을 긋는 원산총파업으로 밝았다. 일제 강점기 가장 큰 규모의 파업이었던 원산총파업은 4개월만에 끝났지만, 노동운동사와 민족해방운동사에 큰 의미를 남겼다. 원산총파업이 한창인 1929년 1월 26일, 안재홍은 만기 출옥하여 조선일보의 부사장으로 복직하였다. 그는 이미 신간회의 간부직을 떠나 있었으므로, 그가 제시한 당면과제의 사항들을 조선일보를 매체로 민족운동으로 발전시켜 나갔다.

3월 22일 조선일보사는 생활개신운동을 제창하였고, 안재홍은 이를 주도하였다. 그는 생활개신운동을 '도덕적 개신운동'으로 규정하고, 색의단발色衣斷髮·건강증진·상식보급·허례虛禮폐지·소비절약의 다섯 가지

조선일보사 앞에서 동료들과 함께
뒷줄 오른쪽에서 두 번째가 안재홍

를 생활개신운동의 과제로 제시하였다.

안재홍은 생활개신운동의 의미를 "봉건적 쇄국시대의 고루한 잔재인 사회의 여러 병폐에 관하여는, 먼저 그 도덕적인 개신의 노력이 가장 긴절한 현하의 작업이 된다."고 강조하였다. 이어 5월 5일에는 각계각층을 망라한 100여 명의 지도자들이 생활개신연구회를 구성하였고, 5월 15일을 '생활개신 선전일'로 결정함으로써, 생활개신운동을 도덕개신운동으로 발전시키려는 움직임이 전국으로 확산되었다. 안재홍은 생활개신운동을 7월 이후 문자보급운동으로 이어나갔다.

1929년 7월 들어 조선일보사는 여름 방학을 이용하여 연례 캠페인으로 제1회 '귀향남녀학생 문자보급운동'을 시작하였는데, 안재홍이 이를 주도하면서 학생농촌계몽운동에 불을 지폈다. 그는 "연단에서 부르짖는 선구자의 소리"가 "인민의 귀에 제한되고, 신문 잡지 및 기타 일반의 간행물은 소수의 독서력을 가진 인민의 눈에 국한"되고 있으므로, 무식문맹無識文盲의 인민에게는 지식향상의 첫걸음으로 문자를 가르침이 일대사업一大事業이라고 호소하였다.

조선일보사는 "아는 것이 힘이다. 배워야 산다"·"가르치자, 나 아는 대로"라는 구호가 박힌 『한글원본』 책을 배포하면서, 이 운동을 1929·1930·1931년과 1934년까지 지속하여 나갔다(1932·1933년은 조선일보사 경영진이 바뀌는 등 사내 문제로 중단). 이에 자극을 받은 동아일보사도 '민중 속으로'라는 뜻의 러시아어 '브 나로드'를 따와 '학생 하기 브나로드 운동'을 1931~1934년에 전개하면서 문맹타파(국문보급) 운동에 주력하였다. 그러나 조선일보사·동아일보사가 주도한 문맹타파운동은 총독부가 금지 명령을 내려 1935년에 모두 중단되고 말았다.

이러한 민중계몽운동은 민중에게 민족해방운동에 떨쳐나서는 정치의식을 심어주려는 데 목적이 있지 않았다. 안재홍은 2천 만 동포 가운데 1천 7백만 절대 다수의 인민이 '까막눈이'라고 지적하면서, "조선의 청년남녀 학생들이 차라리 정치적으로 물들기 전에, 단순한 일개의 젊은 학도로서 인류애의 거룩한 발로"에서 문자보급운동에 참여해야 한다고 당부하였다. 그는 "모든 인민을 변혁운동으로"라고 외치는 선구자의 임무도 중요하나, 문맹퇴치와 같은 민중계몽운동으로 민중을 일깨워 먼 뒷날을 기대할 필요도 있다고 강조하였다.

1920년대를 마감하는 1929년은 원산총파업으로 밝아 광주학생운동으로 저물었다. 광주학생운동은 1929년 11월 3일 전라남도 광주에서 먼저 일어나, 전국의 학생들이 이에 호응하여 시위·동맹휴학운동을 전개한 항일운동이었다. 일제는 애초 이 사건을 보도금지하여 확산을 막으려 하였지만(10여 일만에 해제), 11월 3일 당일 신간회 광주지회는 이를 중앙본부에 즉각 보고하였다. 다음날 4일에는 학생 봉기에 깊이 관여한 신간회 광주지회 상무간사 장석천이 변장하고 급히 상경하여 신간회 본부에 학생의거의 전말을 상세히 전달하였다.

신간회 본부는 11월 5일 중앙상무위원회를 열고, 광주학생운동을 대중운동으로 발전시키기 위해 중앙집행위원장 허헌, 재정부장 김병로, 서무부장 황상규를 광주로 파견하기로 결정하였다. 이들은 9일 광주로 출발하였다.

조사단은 일제 경찰의 감시를 받으면서도 광주서중학교의 일본인 교장, 광주경찰서장, 검사장 등을 만나서 조선인 학생들만을 처벌한 민족차별에 강력하게 항의하고, 진상을 조사한 뒤 11월 12일 상경하였다. 이들이 광주학생운동의 진상을 신간회에 보고하자, 신간회 본부는 긴급상무위원회를 열어, 청년회관에서 '광주학생사건 보고 대연설회'를 개최하기로 결정하고 전단까지 살포하였으나 일제 경찰에게 금지당하였다. 다시 집회금지 조처에 항의하려 '언론압박 탄핵 대연설회'를 개최하려 하였으나 이도 금지당하였다.

신간회 본부는 탄압을 규탄하는 「항의서」를 작성하여 조선총독에게 제출하고 면담을 요구하였으나 반응이 없자, 서울을 비롯한 전국에 학생운동을 확산시키는 방안을 강구하였다. 이에 천도교·기독교·불교 등

종교계, 조선청년총동맹·조선노동총동맹·근우회 등 사회운동 단체와 연대하여, 대회를 불법 탄압하는 일제의 만행을 성토하고 광주학생운동의 진상을 보고하는 민중대회를 12월 13일 하오 안국동 로타리에서 열기로 결정하였다. 12월 9일 서울 학생들이 궐기하자, 일제는 신간회 본부에 민중대회를 중지하라고 요구하였으나, 신간회 본부는 이를 거부하고 예정대로 민중대회를 강행하였다.

일제의 경찰력을 분산시키기 위하여 안국동 네거리의 민중대회는 조병옥·이병헌, 종로 네거리는 안재홍·박호진, 단성사 앞은 이원혁·정칠성, 인천은 김충환, 평양은 조만식이 담당하기로 하고, 각 지방은 각 지회에서 주동하여 민중대회를 열기로 하였다. 그러나 대회가 열리기 8시간 전에 일제 경찰은 관수동에 있는 신간회 본부를 습격해, 대회를 준비하던 허헌·홍명희·김병로·조병옥 등 44명의 간부와 회원을 체포하고, 민중대회에 관여한 조선청년총동맹 등 단체의 간부·회원 47명을 검거하였다. 이로써 민중대회는 좌절되었으나, 이 소식을 들은 서울 시내의 학생들이 궐기하기 시작하여 각 지방으로 학생운동이 빠르게 확산되어 전국 학생들이 떨쳐 일어났다. 안재홍은 민중대회 사건으로 구속되었으나 기소유예로 풀려났다. 그에게는 네 번째 옥고였다.

식민주의사학에 항거하다

광주학생운동으로 달아오른 반일의 열기가 뜨거운 채 한 해가 저물고 새해가 왔다.

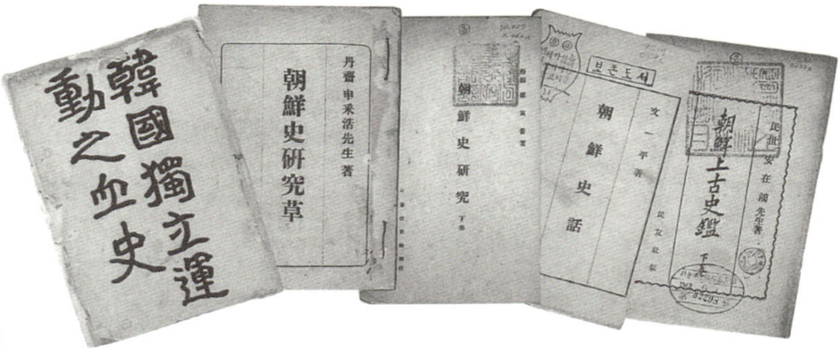

민족주의사학자들의 역사저술
오른쪽부터 안재홍의 『조선상고사감』 하권, 문일평의 『조선사화』, 정인보의 『조선사연구』 하권, 신채호의 『조선사연구초』, 박은식의 『한국사독립운동지혈사』.

1930년 안재홍은 기소유예로 있으면서 역사가로서 면모를 드러내기 시작하였다. 그는 1930년 1월부터 『조선일보』에 「조선상고사관견朝鮮上古史管見」을 연재하면서 사재史才를 발휘하였다. 스스로 낮추어 "견문이 넓지 못한 좁은 소견"이란 뜻의 '관견管見'을 내걸었지만, 매우 고심하여 쓴 이 글들은 역사가로서 그의 진면목을 보이는 역작力作들이다. 이때 쓴 글들은 이후 1937년부터 집필하고 8·15해방 후에 간행된 『조선상고사감朝鮮上古史鑑』 상·하(1947~1948)와 『조선통사朝鮮通史』의 기초가 되었다.

안재홍이 고대사에 관심을 집중한 까닭은, 고대가 한민족의 형성과 영토의 확장 등으로 번영을 누리던 때였으므로, 일제의 식민주의사학이 가장 심하게 왜곡한 부분이었기 때문이다. 그는 일제의 어용 역사학자들이 꾸며 놓은 식민주의사학에 대항하여 민족주의사학을 정립하려면,

고대사부터 시작하여 민족사를 복원해야겠다고 생각하였다.

안재홍이 식민주의사학의 타율성론을 반박하며, 한국민족사가 스스로 발전하는 과정을 밝힌 중요한 사론史論 가운데 하나가 '크치조선설'이다. 일제는 '단군'이라는 말조차 불온시하여 꺼내지 못하게 하였는데, 식민주의사학은 단군조선을 부정하고 한국사가 기자조선부터 시작한다고 왜곡하였다. 식민주의 어용사학자들은 중국의 기록(이를테면 『한서』의 「지리지」 등)을 인용하면서, 기자는 중국 은殷나라 사람인데 그가 동쪽으로 건너와 '기자8조교箕子八條教'를 펴고 왕 노릇하면서 조선을 교화하였다고 주장하였다. 이것이 단군을 없애려는 단군말살론檀君抹殺論이며, 기자가 동쪽으로 와서 왕 노릇하였다는 기자동래설箕子東來說이다.

이 같은 논리에는, 한국 역사의 출발은 제 스스로의 힘이 아니라 강대국 중국이라는 외세에 힘입었고, 이러한 타율성他律性은 한국사 전체에 일관되는 하나의 법칙임을 입증함으로써, 한국이 일본의 '보호'를 받다가 병합됨은 필연의 결과라고 정당화·합리화하려는 의도가 깔려 있었다. 식민주의사관이 왜곡한 한국사의 타율성론·사대주의론事大主義論은 이러한 논지에서 출발하였다.

역사사실을 조작하고 역사해석을 왜곡하는 식민주의사관을 반박하는 일은, 단지 학문상의 시비를 가리는 문제가 아니라, 일제 통치의 정당성을 거부하는 민족문제였다. 따라서 식민주의사학을 비판하는 자체가 정치성을 띤 행위였으나, 이는 북받치는 민족감정만으로 해결할 수 없는, 그야말로 엄밀한 고증·실증으로 뒷받침하는 학문의 역량을 요구하는 작업이었다.

백두산 천지에서
1903년 7~8월 사이, 가운데가 안재홍

안재홍은 오늘날 보아도 매우 객관성을 갖춘 독특한 학설로 단군말살론과 기자동래설을 비판하였다. 그는 한국 고대사에 등장하는 벼슬 이름 가운데, 고구려의 우치乙支·마리지莫離支, 삼한의 한지韓岐·신지臣智 등과 같이 '기·지·치'가 들어가 있음에 착안하였다. 이에 근거를 두어, 기자를 중국 은나라에서 이주하여 온 특정인을 가리키는 고유명사로 보지 않고, '크치' 즉 '대공大公'을 나타내는 일반명사로 풀어, 기자조선의 성립을 고조선의 토착계급인 크치계급이 주도한 왕조혁명으로 해석하였다.

요즈음의 고대사 연구에서도, 기자는 고조선이 발전함에 따라 왕을 표현하는 이름이 바뀐 사회발전단계로 파악하는 설이 유력하다. 성읍국가에 불과하였던 초기의 고조선은 후기에 방대한 영토를 지닌 연맹왕국으로 성장하였는데, 중국 연燕의 전성기였던 B.C 4세기보다 앞선 시기에 성장 단계를 반영하여 왕호王號를 바꾸었다. 마치 신라에서 거서간居西干 → 차차웅次次雄 → 이사금尼師今 → 마립간麻立干 → 왕으로 최고 통치자의 칭호를 바꾸었듯이, 고조선도 단군왕검 → 기자 → 왕으로 왕호를 바꾸었다.

'기자'는 발음이 '箕子'와 같다 해서 기자동래설이 나오기도 하였지만, 이를 반박하는 자료는 많다. '기자'는 본래 '王'을 뜻하던 한국의 고유한 말이었다. 이러한 언어학의 해석이 옳다면, 기자가 조선에 들어왔다는 주장은 물론, 기자조선이 독립국가로서 존재하였다는 억지도 설 땅을 잃게 된다.

이 점에서 안재홍의 크치조선설은 이제는 상식화되어 있지만 당시에는 참으로 탁견이었다. '단군'이라는 말조차 불온하다고 탄압하였던 식민지 상황에서, 일제의 식민주의사학에 대항하여 민족주의사학을 정립하려는 그의 노력은 형태가 다른 민족해방운동이었다. 『조선통사』는 안타깝게 고대사에 그쳤지만, 고난에 처한 민족 현실이 아니었다면, 안재홍은 어렸을 적 다짐하였던 역사가의 길을 걸어 한국사의 맥을 꿰뚫는 통사를 분명 완성하였을 터이다.

신간회 해소를 반대하다

그러나 민족현실은 안재홍이 역사연구에만 몰입하도록 허락하지 않고, 그를 현실의 한복판으로 다시 불러내었다. 1930년의 끝 무렵과 1931년의 첫 무렵, 그는 신간회를 해소하려는 사회주의들의 전술에 맞서 열띤 논전을 벌이며 말 그대로 고군분투하였다.

1930년 12월 부산지회가 처음으로 해소를 결의함으로써, 사회주의자들은 신간회 안에서 신간회해소를 공론화하며 확산시켜 나갔다. 당시 권동진·허헌·홍명희 등은 민중대회 사건으로 아직도 감옥에 갇혀 있었으므로, 사회주의자들이 주도하는 신간회해소운동을 저지하기에는 비타협 민족주의자의 세력이 너무 약하였다. 결국 1931년 5월 16일 신간회 제2차 전체대회는 신간회를 '해소'한다고 가결함으로써 마지막 전체대회가 되어 버렸다.

신간회해소론은 창립 후부터 신간회 내부에서 쌓여온 비판의 끝마감이었다. 앞서도 보았듯이 신간회의 '막연한 강령'은 뚜렷한 운동지침을 제시하지 못하였고, 민중들의 투쟁의욕을 오히려 꺾어버렸다는 비판론이 해소론의 중요한 논점이었다. 또 신간회의 조직이 정당 형태인 중앙집권형이고 개인가입제를 원칙으로 삼았으므로, 노동자·농민 단체가 가입하지 못하도록 가로막는 한계가 있다는 비판도, 신간회가 창립된 이후 줄곧 제기되었다.

이와 같은 논의에 더하여, 민중대회 사건 이후 신간회의 운동 방향을 겨냥한 해소론도 강하였다. 신간회는 민중대회 사건으로 간부들이 대거 검거되는 바람에 조직에 타격을 입었는데, 이 틈을 타서 최린 등과 결탁하여 합법주의 운동을 주장하는 자치운동자들이 침투하여 주도권을 장악하였으므로, 신간회 자체가 우경화하였다는 반발이 많은 지회에 확산되었다.

그러나 신간회해소론이 등장하는 더 중요한 배경은 당시 사회주의자들의 정세 판단에 있었다. 이들은 1929년 10월 24일 뉴욕 주식시장의 주가가 크게 폭락함으로써 일어난 세계대공황이 자본주의 전체의 위기를 가져왔다고 분석하고, 이를 혁명의 정세로 판단하였다. 일본이 만주문제에 개입한 사태도 객관정세의 변동으로 인식하였다.

더욱이 1929년 1월부터 4개월 동안 원산 인구의 3분의 1이 참여한 원산총파업을 계기로 노동운동이 확산되자, 사회주의자들은 혁명의 분위기가 고조되었다고 들떠 정세판단에 신중함을 잃었다. 이들은 노동운동을 지도하지 못하는 민족부르주아지가 개량주의로 돌아섰으며, 신간회의 지도부 또한 개량주의에 빠져 민족운동을 담당·지도할 수 없다고 단정하면서 신간회해소를 주장하기 시작하였다. 결국 해소론은, 모든 객관정세에 맞물려 조선의 혁명정세는 한껏 진척되었으므로, 이제 노동자·농민을 더욱 전투화·혁명화하여 혁명의 주체로 세워야 한다는 결론으로 돌아닿았다.

사회주의자들이 신간회해소를 결의한 데에는 나름대로 이유가 있었지만, 이는 커다란 오류였다. 안재홍은 좌익민족주의와 사회주의자들의 협동전선체인 신간회가 해소되는 현실에서, 좌익민족주의자로서는 그야말로 고군분투하며 신간회의 해소를 막으려 하였다. 그는 해소론이 이론전개로서 중요한 가치가 있다고 전제하고, 충분한 논의를 거쳐서 해결하자고 제안하였으며, 이를 거치지 않은 채 빠른 시간 안에 신간회를 해소하려는 기도에 강하게 맞섰다.

안재홍이 신간회해소론을 최초로 비판한 때는 신간회 부산지회에서 해소론을 제기한 이후였다. 그는 신간회해소론이 '전투적'인 계급운동자(사회주의자)들이 노동자·농민층에 기본역량을 두려는 태도에서 출발하였으며, '노동자·농민 계급진영 확대강화'만 부르짖는 '공식적인 관념론'이라고 비판하였다. 그는 왜 신간회해소를 반대하였는가.

첫째, 안재홍은 현재의 정세는 노동자·농민을 기본세력으로 하여 정치투쟁을 해 나가는 조건을 허락하지 않는다고 사회주의자들에게 충고하였다. 그는 현재 조선의 상황은 무산노동계급 사람들이 모든 국면을 장악하여 모든 민중을 영도할 만큼 완성되지 않았다고 판단하였다. 나아가 소부르주아지 정당인 신간회를 해소한 뒤 대중투쟁의 조직을 확보할 다른 방안이 있는가 하고 반문하였다. 안재홍은 노동조합·농민조합으로 표현되는 노동자·농민의 조직을 '전투적'으로 결성할 수 없는 상황에서, 아니 그러한 조직도 제대로 결성하지 않고서 신간회를 억지로 해체함은 어리석은 짓이라고 경고하였다.

둘째, 우경 세력이 등장하는 시기에 아무런 대책 없이 신간회를 해소시켜 버리면, 노동자·농민에 속하지 않는 이른바 소부르주아지와 소시민 또 '무의식無意識'한 무산대중은 어떻게 하려는가 하고 대책을 물었다. 오늘날의 시각으로 신간회해소론과 해소 결과를 평가할 때, 이 같은 안재홍의 시각은 매우 정확하였다. 사회주의운동의 시각에서 평가하더라도, 신간회해소는 반反제국주의·반일 투쟁의 주요한 일원인 비타협 민족주의 세력이 운동의 구심점을 잃은 채 고립분산하여 투쟁하도록 만들었고, 나아가 이들의 일부가 친일親日하도록 방치하는 결과를 낳았을 뿐이다.

안재홍이 신간회해소를 반대한 셋째 이유는, 앞의 두 가지 논리에 밑받침을 둔 현실판단에서 나왔다. 우경 세력이 시기를 엿보고, 이미 이들의 일부가 대두한 시점에서 노동자·농민의 조직도 완비하지 않은 채, 부동성浮動性을 가진 다수의 소부르주아지와 무의식한 무산시민을 방임放任해 버리면, 이는 결국 우경화를 조성하는 과오라고 비판하였다. 안재홍은 총독부가 지방제도를 개정함으로써 자치운동이 다시 등장하려는 상황을 경계하였다. 그는 아무런 대책 없이 신간회를 해소한다면, 자치운동이 버젓이 내놓고 등장하는 우경화를 재촉할 뿐이라고 경고하였다.

안재홍은 신간회해소론을 비판하면서 좌익민족주의와 사회주의의 협동을 다시 강조하였다. 그러나 당시 취약한 민족주의 세력으로 사회주의자들의 전술을 막을 수 없었으므로, 신간회는 창립대회 이후 두 번째의 전체대회를 갖고 '해소'를 가결함으로써 해체되었다.

신간회는 식민지시기 좌익민족주의자와 사회주의자가 한데 합친 최대의 민족협동전선조직이었다. 달리 말하면 좌익민족주의자와 사회주의자들이 일제에 함께 대항할 수 있는 최대의 합법공간이었다. 그러나 민족해방운동을 민족이 아니라 계급(주의)의 관점만으로 바라본 사회주의자들의 편협한 시각은, 1931년 5월 현재 지회수 141개, 회원 수가 4만여 명에 이르는 신간회를 뚜렷한 조직의 대안도 없이 해체시키는 오류를 저지르고 말았다.

사회주의자들이 '해소'를 결의함으로써 신간회가 해체되었다는 사실은, 협동에는 계급보다 민족을 앞세우는 공통된 이념이 있어야 함을 일깨웠다. 나아가 민족해방운동의 과정에서 생겨난 이념·노선의 단층을 극복하는 과제를 민족해방운동의 중요한 선결과제로 제기하였다.

신간회운동이 한국근현대사에서 지니는 또 하나의 의의는, 8·15해방 후 좌우협동으로써 통일민족국가수립을 끝막까지 실천하였던 중도파 세력이 형성되는 계기를 만들었다는 데 있다. 신간회운동의 과정에서 민족 내부의 이념의 갈등·대립을 해결하려는 노력이 싹텄으며, 8·15해방 후 자본민주주의와 공산주의를 지양하여 새로운 국가상을 제시한 안재홍의 신민족주의는 이와 같은 중도파 이념의 열매였다.

민족단체를 재건하려 노력하다

신간회가 해체된 이후에도 안재홍은 좌익민족주의와 사회주의자들이 결합하는 민족협동전선을 일관되게 주장하였다. 그는 이 협동전선이 조선인의 '사상통제'를 위한 '통제적인 단결기관'의 임무를 수행해야 한다고 제안하였다. 그리고 사회주의와 좌익민족주의 사이의 견실한 '동지적·정략적 협동'을 유지하면서, 민족운동에서 떨어져 타락한 모든 세력을 때로는 감시·유인·배제하면서, 민중들이 직접 당면한 모든 이해를 위하여 항쟁하자고 호소하였다. 그러나 사회주의자들은 '혁명적 대중노선'으로 운동의 방향을 돌리었고, 이에 따라 좌익민족주의자들조차 협동의 상대에서 제외시켰으므로, 안재홍이 주장하는 바는 실현될 수 없었다.

사회주의자들과 결합할 수 없게 되자, 안재홍은 민족개량주의자들과 어울려 민족단체를 결성하려고 시도하였다. 1932년 1월 그는 신간회해소를 반대하였던 서정희·이종린 등과 함께, 안창호 계열의 수양동우회와 관계 있는 이광수·조만식·김성업 등과 의논하여 민족단체통제협의회를 조직하려 하였다. 이러한 시도는 사회주의자들이 방해하여 결국 좌절되었으나, 안재홍이 이광수 등 자치론자들과 손 잡고 민족단체를 결성하려 한 행태는 그의 운동노선과는 매우 상반되는 행동이었다. 그러면 안재홍은 왜 이토록 민족단체를 재건하는 데 집착하였을까.

일제는 1930년 12월 지방제도를 개정하여 도제·읍면제를 공포하였다. 개정의 요지는 도道·부府·지정면읍指定面邑에서 종래의 자문기관을 결의기관으로 승격시키고, 도·지정면(읍)·보통면普通面에 법인격法人格을 부여하여 자치제도에 접근하였다는 데 있었다. 이어 일제는 1931년 2월 지방(부·읍·도·면)의 선거규정을 공포하여 4월부터 시행하기로 하였다. 이와 같은 1930년대의 지방제도 개정은 3·1민족해방운동 직후 개정한 지방제도가 자문기관 설치에 끝나버려, 말 그대로 허명무실虛名無實하다는 비판에 대응한 회유책이었으나, 조선인에게는 이전보다 참여 공간이 확대되었음도 사실이다.

지방자치제를 미끼로 민족해방의 열망을 꺾으려는 일제의 의도에 들떠, 자치운동을 주장하였던 민족개량주의자들도 지방자치제를 호도깝스럽게 지지하며 민중을 선동하였다. 1931년 5월 개정된 지방제령에 따라, 전국에 부·읍과 면협의회의 회원을 뽑는 선거를 실시하자, 민족개량주의의 기관지인 『동아일보』(1931. 5. 12)는 "조선인으로서 최선 또는 최강한 항의를 주장할 만한 자를 뽑아 부의원으로 내보내는 것이 오늘날 가장 타당한 문제다."라고 민중을 헷갈리게 하였다.

친일파·반민족행위자들은 조선민족을 이롭게 하기 위해서 도회·부회·면협의회에 참여하겠다고 단작스럽게 떠벌렸지만, 이들은 단지 일제가 주는 특권을 노렸을 뿐이다. 자본가·지주 출신인 출마자들은 선거라는 형식으로 합법성을 인정받아 지방 행정권력에 참여함으로써, 지방의 공사를 맡거나 금융기관을 쉽게 이용할 수 있는 이권을 차지하려 하였다. 이들이 이권을 챙기고 반민족행위를 저지른 실례는 헤아릴 수 없을 만큼 많다.

일제가 지방제도를 개정하여 조선인의 참여를 개방한 듯한 현실에서, 그리고 반민족행위자와 민족개량주의자가 이 틈을 노려 이권·특권을 챙기려는 상황에서, 안재홍은 공직자 선거에 결코 무관심할 수 없음을 날카롭게 지적하였다. 신간회가 분열의 조짐을 보이는 시기에, 안재홍은 혁정革正(혁명을 완곡하게 표현한 말)과 개량이 병존해야 한다는 논리를 폈다. 그는 '통제적 협동' 속에서 이루어지는 '의식적·기획적 동작'은 '우경'으로 타락할 염려가 없다고 지적하면서, '각 길로서 한곳에'라는 표어를 내걸고 도협의회道協議會·부협의회府協議會 등에도 관심을 가져야 한다고 주장하였다. 이와 같은 '통제적 진출'은 신간회와 같은 민족협동전선체 또는 민족운동 단체를 전제로 하였으므로, 그는 신간회해소론을 반대하였고, 신간회가 해소된 뒤에는 새로운 민족운동 단체를 조직하자고 역설하였다.

안재홍은 개정된 지방제도가 어떠한 한계를 지니고 있는지, 민족운동에 어떠한 악영향을 미칠지 충분히 인식하였다. 그렇기 때문에 더욱더, 반민족분자·모리배들이 이를 개인의 이익을 취하는 수단 또는 엽관욕獵官慾으로 이용하는 폐단을 막기 위하여, 또 민족 대중들이 일제에 타협·동화하는 경향을 예방하기 위하여 개정된 지방제도에 무관심할 수 없었다.

민족사 연구에 정진하다

조선학운동과 민세주의

신간회 해체를 막으랴, 민족단체를 재건하랴 분주한 가운데, 1931년 5월 안재홍은 신석우의 뒤를 이어 조선일보사 사장이 되었다. 조선일보사의 재정난이 좀처럼 풀리지 않았으므로, 이를 해결하기 위하여 사장에 취임하였으나, 이후 또 한 차례의 옥고가 그를 기다리고 있었고, 옥중에서 사장직을 그만두어야 하는 고통도 겪어야 했다. 1931년 7월 그는 조선일보 사장으로서 발행인을 겸하였고, 다시 10월에는 편집인을 겸하는 등 신문사를 정상화시키려 분투하였다.

그러나 안재홍 개인과 조선일보사의 어려움에 더하여, 시국도 한민족의 희망과는 더욱 거슬러 나갔다. 일제는 9월 만주를 침략하는 만주사변을 일으켰고 식민지지배의 사슬을 갈수록 조여나갔다. 이른바 류탸오

조선일보의 세 얼굴
왼쪽부터 한기악 · 안재홍 · 김준연. 이들은 명편집자 · 명기자들로서 조선일보의 발전, 나아가서 민족언론의 창달의 공에 컸다.

거우 사건柳條溝事件으로 시작된 일본 관동군의 만주침략전쟁은 조선인에게도 많은 피해를 입혔다. 중·일 양군이 충돌하자, "애꿎은 두꺼비 돌에 맞다"는 속담대로, 만주 동포들이 억울하게 학살당하고 박해를 받는 사태가 여기저기서 잇달아 일어났다.

이에 무고하게 희생당하는 재만동포를 돕기 위해, 10월 27일 60여 명의 각계 인사들이 종로 기독교 청년회관에 모여 만주동포조난문제협의회滿洲同胞遭難問題協議會를 조직하였는데, 첫 모임에서 사회를 보았던 안재홍이 협의회 조사선전부 상무를 맡게 되었다(위원장은 윤치호). 협의회는 대표를 만주에 파견하여 실상을 조사하는 한편, 각 신문사를 매체로

재만동포위문사
만주에 이주한 우리 동포는 1931년 일제가 도발한 만주사변으로 숱한 피해를 입었다. 이에 국내에서는 민족지도자들로 구성된 위문사를 보내 구호품을 배부하고 위문했다. 사진은 앞줄 왼쪽의 두번째부터 안재홍 · 윤치호 · 현동완, 한 사람 건너 이종린

구호금을 모으는 일을 추진하였다. 일본 경찰은 이를 노려보고 있다가, 구호 의연금義捐金의 일부가 조선일보사의 회사 운용 자금으로 유용되었다는 빌미를 잡았다.

1932년 3월 중순, 사장 안재홍과 영업국장 이승복은 공금 횡령 혐의로 구속되었고, 협의회도 3월 25일 강제 해체되었다. 안재홍에게는 다섯 번째 옥고였다. 수감 중인 안재홍과 이승복은 옥중에서 인책 사표를 내었다. 이는 한말에 대한매일신보사大韓每日申報社의 양기탁이 신문사가 모집한 국채보상금을 유용하였다는 혐의로 구속된 일과 비슷한 사례였다.

안재홍이 출옥할 무렵인 1932년 11월 23일, 조병옥·주요한은 조선

일보의 발행권을 갖고 있던 고리대금업자 임경래에게서 3만 원에 조선일보를 인수한 뒤, 조만식을 사장에 추대하였다. 그러다 조선일보는 '광산재벌'로 유명한(금을 채굴해 재산을 모았으므로) 방응모의 손으로 넘어갔다. 경영이 더욱 악화되자 타개책을 찾고 있던 조만식은 방응모에게 조선일보를 인수하라고 권유하였고, 이에 방응모는 1933년 1월 16일 자본금 20만 원을 일시금으로 불입하여 '주식회사 조선일보사'의 창립발기인으로 참여하였다. 3월에는 정식으로 경영권을 인수하여 방응모 자신이 부사장에 취임하고, 그와 동향인 동아일보의 이광수와 서춘을 부사장과 주필로 영입하였으며, 7월에는 직접 사장에 취임하여 방응모 체제를 확립하였다. 오늘날의 언론재벌 조선일보사는 이렇게 출발하였다.

1932년 11월 안재홍은 징역 8개월을 받고 미결통산으로 출옥하였으나, 그가 활동할 공간은 없었다. 일제는 벌써 만주사변을 일으켰고, 유럽에도 파시즘이 대두하는 분위기에서 일본제국주의 파시즘 통치체제는 더욱 강화되었다. 신간회와 같은 합법운동 단체도 없었고, 조선일보도 사주와 발행권이 다른 이에게 넘어 간 상태였다.

출옥한 뒤 안재홍은 1933년 한 해를 옥살이로 망가진 몸을 추스렸고, 1934년 6월 구월산을 오르면서 시국에 대처하는 방안을 구상하였다. 그는 단군이 등산하였다고 전해 오는 단군대를 비롯하여 단군신화와 결부된 전설들이 많이 남아 있는 구월산을 오르면서, 민족사를 연구·서술하는 영감을 떠올렸으며 「구월산등람지九月山登覽誌」를 『동아일보』에 연재하였다.

1934년 이해부터 안재홍은 정인보와 함께 조선후기의 실학자 정약

안재홍(오른쪽)과 위당 정인보

용의 저술을 교열하고 총정리하여 『여유당전서與猶堂全書』를 출간하였다. 이 책은 권태휘가 경영하는 신조선사新朝鮮社에서 1934년부터 간행하기 시작하여 1938년까지 4년에 걸쳐 완성하였다. 정약용의 호를 따 '여유당'이라 이름 붙인 이 저작집은 유명한 『목민심서牧民心書』·『경세유표經世遺表』·『흠흠신서欽欽新書』를 비롯하여, 정약용의 우국충정이 담긴 논책論策, 경사고전經史古典을 실증하여 탐구한 이론, 시문詩文까지 망라한 154권 76책에 이르는 방대한 전서全書였다. 4년만에 이 사업을 완성하다니 참으로 놀라운 일이다. 안재홍·정인보 두 사람이 한문에 워낙 조예가 깊다는 자질이 큰 힘이 되었지만(이 점에서 두 사람의 한문 실력은 민족문화의 샘을 찾는 중요한 자산이었다), 사명감이 없었다면 애초 엄두도 내지 못할 과제였다.

이 무렵 안재홍은 명사名士들의 처세신조를 묻는 한 잡지사의 질문에 "무엇이고 하나 하되 의미 있는 일을 꼭 하라.", "최선이 못되면 차선을 하여도 좋은 때가 있다."고 답하였는데, 『여유당전서』를 교열하면서 자신의 신조를 실천하고 있었다. "최선이 못되면 차선을!" 요즈음 선거 철마다 선거관리위원회가 유권자에게 충고하는 이 말이, 이 무렵 안재홍의 심경이었다. "무엇이고 하나 하되 의미 있는 일을 꼭 하라."는 신조는, 정치활동이 불가능한 상황에서 "국사國史를 연찬硏鑽하여 민족정기를 불후에 남기는 사명"을 수행하려는 자기 다짐이었다. 그는 '의미 있는 일'로 조선학운동朝鮮學運動을 전개하면서, 이를 "차선적次善的인 최선 – 아니 최선한 차선책으로" 생각하였다.

안재홍이 조선학운동을 주도한 진정한 속내는, 단순한 출판작업을 넘

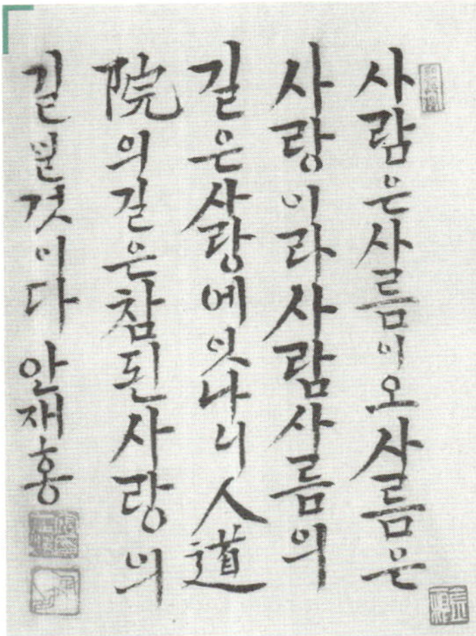

안재홍의 경구(1946)

어서, 실학자들이 우리의 고대사를 이해한 바를 참작·도입하여 학문의 정신을 계승하겠다는 의지에 있었다. 그는 순수학문을 넘어서 민족해방운동의 이념을 새롭게 정립하려는 시대의식과 사명감에서 조선학운동을 추진하였다.

안재홍은 정약용을 "조선학술사상 태양 같은 존재"라 칭송하였다. 그는 『여유당전서』를 간행하는 동안 『신조선』 등 잡지에 정약용을 다룬 논문 십수 편을 발표하였는데, 정약용의 삶과 사상이 그에게 끼친 영향은 참으로 컸다. 그는 여전론閭田論을 비롯하여 정약용이 주장한 개혁론을 "일종의 국가적인 사회민주주의의 명백한 사상체思想體를 방불"케 한다고 평가하고, 정약용을 '국가적 사회민주주의자'로 규정하였다. 이 점에서 볼 때, 안재홍이 8·15해방 후 제창한 신민족주의 이론의 '조선적 배경'에는 정약용이 자리잡고 있었다. 안재홍은 정약용을 연구하는 과제를 조선학운동의 출발로 삼았다.

안재홍은 조선학운동을 주도하면서 이의 목표와 의의를 분명하게 제시하였다. '조선학'이란 말을 처음 쓴 사람은 최남선이었지만, 안재홍은 '조선학'의 의미를 '한국학'·'국학'으로 한정하지 않고, 한민족이 세계사에 기여해야 할 사명까지 포함하였다. 그는 조선학은 "조선의 고유한

안재홍의 낙관

것, 조선 문화의 특색, 조선의 독특한 전통을 천명闡明하여 학문적으로 체계화하는 것", 한 마디로 "조선역사를 기초로 하여 연구하는 것"이라고 정의하면서, "세계문화에 조선색朝鮮色을 짜 넣는 것이 우리에게 부여된 임무"라는 의의를 덧붙였다. 그러나 이 말은 한때 유행하였던 "우리 것은 소중한 것이야", "가장 한국적인 것이 가장 세계적이다."라는 투의 광고에서 볼 수 있는, 자본주의 상품경제의 논리와는 뜻이 드달랐다. 장년의 나이 들어 안재홍이 고민한 문제는 너무도 굵직하였다.

당시 서구 자본주의는 세계공황이라는 위기를 맞아 이를 극복하느라 분주하였고, 독일·이탈리아·일본 등 후발後發자본주의 국가에서는 파시즘이라는 기형의 정치형태로 돌파구를 찾으려 하였다. 안재홍은 한국사의 발전단계가 자본주의 발전의 초보 – 서구사회가 다 지나온 – 도 아직 거치지 못하였다고 인식하였다. 그렇기에 후진사회라는 조선의 특수성을 무시하고, 서구사회의 일반 이론에 맞추어 민족문제를 해결하려는 조선의 사회주의자들의 태도를 긍정할 수 없었다. 그는 사회의 부富가 일부 자본가계급에 독점되고 또 제국주의화하는 서구 자본주의의 모순뿐만 아니라, 러시아 공산주의의 계급독재·폐쇄성도 극복해야 할 과제라고 생각하였다. 그는 이 모두를 심각하게 고민하였다.

이런 의미에서 정약용 연구를 비롯한 조선학운동은, 안재홍에게는 학문 이상의 시대요구로서 새로운 민족해방운동의 이념을 조선민족의 영역에서 도출할 목적을 가지고 있었다. 그는 조선학운동의 과제를 '제3신생적第三新生的' 이념을 창출하는 데 두었다.

> 우리 자신의 문화 및 그 사상에서 조선인적이면서 세계적이오 세계적이면서 조선 및 조선인적인 제3신생적인 – 현대에서 세련된 새로운 자아를 창건하고 아울러 그들의 자신에게 구전具全타당한 신생적인 사회를 그의 적당한 장래에 창건하자는 숭고하고 엄숙한 현실의 필요에서 출발 파악 지속 또 고조되는 것이다. … 오늘날 20세기 상반기에 가장 온건타당한 각국민 각민족의 태도는 즉 민족으로 세계에 – 세계로 민족에 교호交互되고 조제調劑되는 일종의 민세주의民世主義를 형성하는 상세狀勢이오. …

안재홍은 조선의 역사를 바탕으로 조선의 요소가 주체가 되어 세계의 사조를 섭취함으로써, 미래에 새로운 사회를 창건해야 하는 필요에서 조선학이 출발하였다고 언명하였다. 그는 '제3신생적 이념'을 '민세주의'라 표현하였는데, 그가 내걸은 민세주의는 민족주의(민족애)와 세계주의

(인류대동의 이념, 인류애)를 통합하여 '민족적 국제주의'·'국제적 민족주의'를 형성하려는 이념이었다.

안재홍이 말하는 세계주의(또는 국제주의)는 역사발전 과정에서 보편화된 지향점을 뜻하였는데, 경제평등의 사회를 지향하는 사회주의 이념도 이러한 이상의 하나였다. 그는 정약용을 '국가적 사회민주주의자'로 규정하면서 자신의 사상의 지표를 에둘러 나타내었다. 그가 '산업적 민주주의'·'경제적 민주주의'·'경제균등'이라는 말을 가지고 정약용을 설명한 데에서, 경제균등을 중시하는 사회주의 이념을 이미 수용하였음을 알 수 있다.

그러나 안재홍이 볼 때, 민족을 부인하는 눈먼 국제주의(공산주의)가 아니라면, 사회주의의 필연성을 인정한다 하더라도, 결국 자기 민족의 특수성(=역사성)에 바탕을 두고 인류 역사의 보편성을 추구해야 마땅하였다. 사회주의 사상도 세계사의 한 흐름임을 분명하게 인정하였다는 점에서, 그는 폐쇄된 민족주의자가 결코 아니었으나, '민세주의'를 제창하여 역사발전의 보편동력을 바로 자기 민족의 역사에서 찾자고 강조한 점에서 마르크스주의자도 아니었다.

안재홍의 민세주의는, 자기 민족 우월주의에 빠짐으로써 다른 민족을 배타하는 민족관을 뛰어넘어 '세계적 자아관自我觀'을 밑바탕에 깔고 있었다. 이러한 민세주의는 8·15해방 후 자본민주주의와 공산주의를 동시에 지양하는 제3의 이념, '국제협력의 분담자'를 자처하는 국제협조의 민족주의인 신민족주의로 발전하였다. 8·15해방 후 제기된 국가건설론·정치사상 가운데서, 신민족주의는 '민족문화'를 남다르게 강조하였다.

안재홍이 조선학운동으로 추구한 목표는, 민족의 통합·단결이 선결과제인 식민지 조선의 특수성을 전제하여 계급혁명을 반대하고, 민족주의와 사회주의의 두 민족해방운동이 '협진協進'하는 새로운 이념을 창출하는 데 있었다. 그는 20살 젊은이의 기개를 '민중의 세상'이라는 뜻의 '민세'로 표현하였지만, 1930년대 장년의 나이에 호의 깊이와 넓이를 더욱 크게 그렸다. 그는 '민족적 국제주의'·'국제적 민족주의'를 교호시킨 민세주의로써 "조선적이면서 세계적이오 세계적이면서 조선 및 조선인적인 제3신생적" 이념을 새로 만들려 하였다. 8·15해방 후 안재홍은 세계사와 민족사의 모순을 고민하며 민세주의를 더욱 발전시켰다. 미국과 소련으로 대표되는 자본민주주의와 공산주의의 대립, 이의 연장인 한민족 안의 좌·우 이데올로기의 갈등과 남·북의 분단, 이를 극복하는 이념으로 신민족주의를 창안하였다.

이상에서 간단하게 살폈지만, '민세'라는 호는 안재홍이 맞대한 시대의 과제와, 이를 해결하려 고뇌한 그의 삶을 세 단계로 반영하고 있다. 요즈음 영국을 비롯한 서구에서 '제3의 길'이란 말이 유행하고 있으나, 사실 이러한 과제는 안재홍을 비롯한 식민지 조선의 지식인들이 벌써 굵직하게 고민하였던 문제들이다.

고난을 감내하며 민족정신을 보전하다

안재홍은 조선학운동을 추진하면서, 언론인으로서 감명 깊은 필봉을 다시 휘둘렀다. 1935년 5월, 그는 조선일보의 객원客員으로 초빙되어 유명한 「민세필담民世筆談」을 연재하기 시작하였다. 신문기자로서 또 논객으로서 이름을 떨치던 그가 언론활동을 중단한 지 3년만이었다. 이 글이 주는 감동은 읽는 이들의 눈시울을 뜨겁게 할 정도였다.

이해 7월 안재홍은 「조선신문소사朝鮮新聞小史」를 『조선일보』에 연재하였는데, 이 점에서 그는 한국언론사를 최초로 정리한 언론사학자였다. 또 8월부터 다음해 4월까지 별자리星座를 해설한 에세이 「백악성담白岳星譚」을 『조선일보』에 연재하였다. 안재홍은 소년 시절부터 별자리에 흥미를 느껴 일본 유학 시절에도 천문학자를 찾아다니며 공부한 적이 있었는데, 귀국해서도 여름 밤에 별 쳐다보기를 즐겼다. 메마르고 거친 시대를 살아가는 한 지사가, 꿈 많은 소년의 모습으로 별자리를 바라보며 민족의 미래에 어떠한 꿈을 꾸었을까 짐작할 수 있다.

1936년 초도 안재홍은 조선일보 객원으로 신문에 연재를 계속하였으며, 6월까지도 잡지 『신동아』에 「나의 인생관」이란 글을 실었다. 이렇게 그의 생애에서 짧았지만 평온한 삶이 이어지는 듯하였으나, 다시 고초가 찾아왔다. 이해 그는 정필성과 또 한 청년을 당시 난징에 있던 민족혁명당民族革命黨의 간부 김두봉에게 추천하여, 항저우의 군관학교軍官學校 항공과에서 양성할 계획으로 밀파하려다가 발각되었다. 이 사건으로 그는 종로경찰서에 구속된 뒤 1년 예심 끝에 징역 2년을 선고받았다가 1937년 보석되었다. 세칭 군관학교학생 사건으로 불리는 이 일로 그는 여섯 번째 옥고를 치렀다.

안재홍은 보석되었지만, 일제가 침략전쟁을 확대해 나가면서 군국주의 파쇼체제는 식민지 조선을 더욱 압박하며 숨통을 조였다. 1931년 만

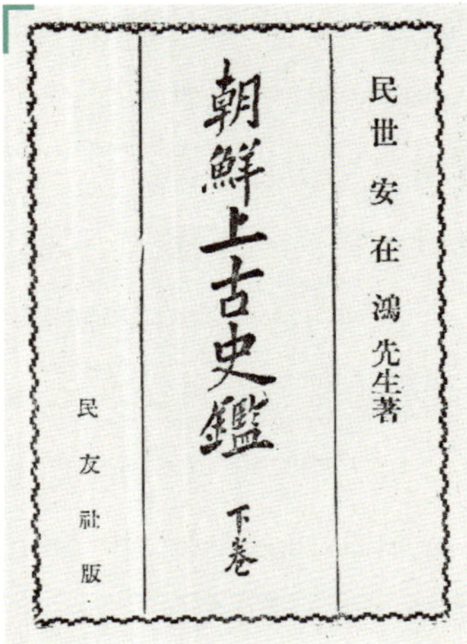

「조선상고사감」 하권 표지

주사변을 일으켜 중국 침략을 본격화한 일제는, 1937년 7월 7일 베이징 남서쪽 교외의 루거우차오 蘆溝橋에서 군사행동을 도발하여 중일전쟁을 일으켰다. 이른바 루거우차오 사건(또는 7·7 사건)으로 시작된 중일전쟁에서도 일제는 만주사변 때와 마찬가지로 선전포고도 하지 않았다. 일제의 비열한 야만성은 1937년 12월 국민정부의 수도 난징을 점령하여 시민 30만여 명을 살육하는 난징대학살로 이어졌다. 일제의 광란은 식민지 조선에서도 자행되었다. 침략전쟁이 확대되자 일제는 수많은 조선인을 전쟁터로 끌어내기 시작하였다.

이같이 험악한 시국에서, 안재홍은 재입옥再入獄될 날을 기다리며 고향인 평택 두릉리 산방에 외따로 거처하였다. 중일전쟁이 발발한 뒤 『조선일보』·『동아일보』의 지면은 일제 지배에 순응·협조하는 친일 신문이 되었으므로, 신문에 객원으로 연재하거나 잡지에 투고할 수 있는 형편도 아니었다. 그는 '차선'의 '의미 있는 한 가지 일'로 민족사를 깊이 연구하는 일에 다시 몰입하였다. 이때도 상고사 연구에 집중하였는데, 이전 『조선일보』에 발표했던 「조선상고사관견」을 저본底本으로 이에 가필하여 1937년 「기자조선고箕子朝鮮考」 등 7편을 탈고하였고, 다음해 5월

매일 아침 일정한 시간에 전국에서 행한 궁성요배의 모습

조선신궁에 끌려가 참배하는 학생들

창씨개명에 끌려가는 조선인들
창씨개명을 신고하기 위해 경성부청 호적과에 줄 서 있다.

다시 옥고를 치르기까지 「부여조선고夫餘朝鮮考」 등을 탈고하는 등 뒷날 『조선상고사감』으로 완성되는 연구의 초고를 작성해 나갔다.

그러나 시국을 떠나 역사연구에 전념하는 일도 결코 평탄하지 않았다. 그가 "2년 형의 몸으로 사랑舍廊에 들어붙어 주야 겸행으로" 『조선상고사감』을 집필하는 동안, 불행사는 닥치고 또 겹쳤다. 1938년 4월, 폐렴으로 병석에 누워 있던 부인 이정순이 병세가 갑자기 악화된 끝에, 장남 정용의 혼인날을 하루 앞두고 급작스럽게 세상을 떠났다. 안재홍은 보석 중이었으므로, 상중이지만 부득이 장남의 혼례를 그대로 치르기

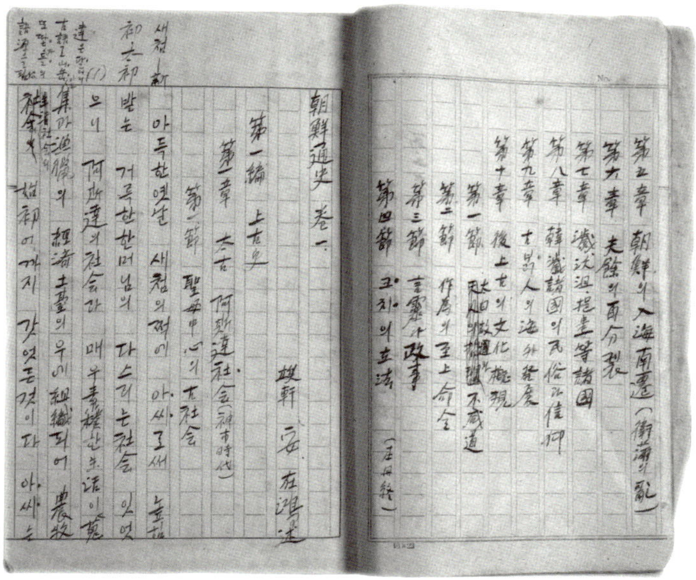

「조선통사」 초고의 첫머리(1941년)

로 작정하였다. 그는 군관학교 사건의 공소 판결을 일부러 상고하면서 물려 놓은 혼사를 다시 준비하는 한편, 이 와중에서도 『조선상고사감』의 초고를 집필하는 데 힘을 쏟았다. 아내의 병이 육체의 병뿐만 아니라 '우수憂愁의 병'이 깊었음을 알았기에 상처喪妻의 아픔은 더욱 컸으나, 그는 이를 삭이며 저술에 몰두하였다.

안재홍이 아내의 병을 '우수의 병'이라 표현한 데에는 이유가 있었다. 그가 서울에서 자신의 일에 열중하는 동안, 그의 아내는 남자가 없는 시골집에서 바느질이나 허드렛일로 생계를 꾸리며, 자식들의 교육비까지 혼자서 마련하였다. 남편을 타박하지 않고 홀로 가난한 살림을 꾸리며, 삼남매의 교육까지 떠맡아 온갖 고생을 감수하면서 남몰래 눈물지었을 아내의 '우수'가 병이 되었음을 그는 자책하였다.

그러나 일제는 불행사를 견디며 가장의 책무를 감당하려는 인간의 도리마저 허락하지 않았다. 장남 정용의 혼례일이 다가오는 5월 22일, 안재홍은 흥업구락부 사건으로 또 다시 서대문경찰서에 구속되었다. 일곱 번째 옥고였다. 맏아들 정용은 그의 명을 따라, 텅 빈 시골집을 지키기 위하여 이해 6월 상순 약식略式 혼인식을 치르고 신부를 시골로 데려갔다.

중일전쟁을 도발한 일제는 한국을 병참기지로 삼고 사상통제를 강화하면서 민족지사들을 더욱 감시·탄압하였다. 흥업구락부 사건은 한 예였다. 이 시기 흥업구락부는 이렇다 할 활동도 하지 않았는데, 일제는 이를 강제 해산시켰다. 흥업구락부 사건은 1938년 2월 연희전문학교의 경제연구회 사건에서 비롯되었다. 당시 조사를 받던 유억겸의 집에서 동지회와 관련된 문서가 발견되어, 한때 미국에서 이승만의 측근으로 활동하였던 윤치영이 체포되었으며, 곧 이어 흥업구락부가 결성되어 활동하고 있음이 드러났다.

안재홍은 이 사건으로 구속되었다가 3개월만에 석방되었으나, 1938년 군관학교학생 사건에서 징역 2년형이 확정되어 다시 투옥되었다. 여덟 번째 옥고였다.

1939년 안재홍은 출옥하였으나, 이해 9월 1일 독일이 폴란드를 침입하고, 영국·프랑스가 독일에 선전포고함으로써 유럽에는 제2차 세계대전이 일어났다. 파시즘 국가의 침략전쟁이 확대되자 일본 군국주의는 더욱 광분하였다. 일제는 징병·징용 등으로 인력을 강제 수탈하는 데 그치지 않고 한민족 자체를 말살하려 하였다. 1940년 2월 이른바 창씨개명創氏改名을 강행하였고, 8월 10일에는 총독부의 기관지 『매일신보』와 거의 같은 논조로 식민지통치에 협조하고 있던 『조선일보』·『동아일보』 마저 강제 폐간시켰다.

만주사변이 일어난 후 안재홍은 네 차례나 거듭 투옥되었으므로 몸은 피폐할 대로 피폐하였다. 이 같은 시국에서 그는 "정치로써 투쟁함은 거의 절망의 일이요, 국사國史를 연찬하여 써 민족정기를 불후不朽에 남겨 놓음이 지고한 사명임을 자임自任"하였다. 이것이 그에게는 최선의 운동이었다.

1939년 출옥한 안재홍은 몸을 추스른 뒤, 50세가 되는 1940년 고향 두릉리로 돌아와 다시 한국상고사를 연구하는 데 몰입하였다. 이해 「조선상대지리문화고朝鮮上代地理文化考」를 탈고하였고, 조선철학의 독특성을 설명할 목적으로 「불함철학대전不咸哲學大全」을 시도하였다.

1941년 1월 익산益山의 분성 김씨盆城金氏 부례와 재혼한 안재홍은 안정된 가정 분위기에서 고대사연구에서 큰 성과를 이루어냈다. 그는 한국고대사를 새로운 해석으로 서술한 『조선상고사감』을 완성하고, 더 큰 의욕을 갖고 한국사 전체를 체계화할 『조선통사』를 집필하기 시작하였다.

이 무렵 일제는 돌아올 수 없는 강을 건너고 말았다. 일제는 만약 진주만에 주둔한 미국 태평양 함대를 때려눕히고 필리핀의 미군을 격파한다면, 미국이 대일전에 전력을 쏟을 수 없으리라고 판단하였다. 이러한 무모한 예상은 전선을 태평양 연안까지 확대시켰다. 일제는 유럽에서

일제의 진주만 기습

독일이 거두었던 승리를 자신들에게도 기대하며, 1941년 12월 7일 경고도 없이 진주만을 기습 공격하였다. 일제는 초반에는 승승장구하였으나 전세는 역전되었고 패망은 점점 눈앞에 다가왔다.

태평양전쟁에서 궁지에 몰린 일제는 파쇼 체제를 더욱 굳히며 광란하였다. 일제는 아예 한민족을 말살하려 작정하고, 우선 조선어 자체를 없애 버리려 하였다. 중일전쟁 이후 모든 학교교육에서 조선어 교육을 폐지하였는데, 1940년에 들어와서는 소학교에서도 일본어 사용을 강제하여 조선어를 말한 학생을 체벌하고 벌금까지 물렸다. 또 각급 학교와 공식 회합에서 조선어 사용을 금지하였고, 일제 통치에 충실하게 협력

강제위안부로 끌려가기 전 신사참배를 하러 가는 12~16세의 소녀들(1944년)
왼쪽에 '조선여자근로정신대 해협을 건넌 소녀들'이란 구절이 보인다.

하는 『동아일보』·『조선일보』 등 조선어 신문마저 폐간시킴으로써 조선어말살 정책을 강행하였다. 끝내는 조선어 연구로 민족정신을 일깨우려는 조선어학회朝鮮語學會를 야만스럽게 탄압하였다.

조선어학회는 이미 1929년 108명이 발기하여 조선어사전편찬회를 출범시켰다. 이후 「사정한 조선어 표준말 모음」(1936)·「외래어표기법 통일안」(1938) 등을 발표하여 사전편찬 작업을 진전시켜 나가고 있었고, 일부를 인쇄하던 중이었다. 이에 일제는 조선어학회를 해체시키기 위하여 함흥학생 사건을 조작해 조선어학회 회원과 이 사업에 협조한 사람들을 모두 검거하였다. 그리하여 1942년 10월 1일부터 1943년 4월 1일

조선표준어 사정위원회 때의 조선어학회 기념사진
1935년 현충사에서, 둘째 줄 왼쪽에서 네 번째가 안재홍

까지 사전 편찬위원과 재정보조자 33명을 모두 「치안유지법」의 내란죄를 적용하여 16명은 기소, 12명은 기소유예, 나머지는 석방하였다. 이들은 함경남도 홍원 경찰서의 유치장에서 1년 동안 온갖 야만스런 고문을 받은 끝에 '학술단체를 가장하여 국체國體 변혁을 도모한 독립운동단체'라는 죄명으로 기소되어 함흥 검사국으로 넘어갔다.

안재홍은 평소 우리말에 조예가 깊어, 고대사연구에 언어학의 방법론을 도입하고 순 우리말로 조선철학을 설명하는 등 한글의 보존과 발전을 강조하며 몸소 실천하였다. 그가 조선어사전을 편찬하는 데 수정위원의 한 사람으로 참여함은 국사를 연찬하는 일만큼이나 민족정신을 보전하는 뜻깊은 작업이었다.

조선어학회 사건의 불길은 사전편찬에 관여한 그를 비껴가지 않았다. 『조선통사』를 집필하는 데 정진하던 1942년 12월 안재홍은 홍원 경찰서에 구속·수감되었다. 기소된 16명 가운데 이윤재·한징 두 사람이 심한 고문과 추위·배고픔으로 옥중에서 사망할 만큼 이 사건은 모진 고문으로도 유명하였다. 1943년 3월 안재홍은 3개월만에 불기소로 풀려났지만, 이미 무자비한 고문을 당하였고, 이때의 고통과 후유증은 사는 동안 두고두고 그의 정신과 육체를 괴롭혔다.

안재홍은 영하 20도를 내려가는 함경도의 콘크리트 감방에서 100여일을 보내고 나왔다. 위장과 대장에 심한 냉상冷傷을 입어 본래의 모습을 찾아볼 수 없었고, 이후 늘 위장병으로 고생하였다. 술을 입에도 대지 않는 그의 코가 항상 빨갛던 이유는 추운 감옥에서 얼어 버렸기 때문이다. 감옥에 갇힌 그의 발에는 '중세기의 유물인 기둥나무만한 족쇄'(그가 표현한 대로)가 걸려 있어, 소변을 보는 데에도 열쇠를 잡은 간수에게 잠시 '해방'을 빌려야만 하였다.

이러한 육체의 고문보다 더 큰 정신의 고문도 따랐다. 일경은 조선어학회 사건으로 안재홍과 함께 구속된 이극로를 안재홍에게 직접 심문하도록 지시하고, 일경이 요구하는 대로 이극로가 대답하지 않을 경우, 안재홍에게 이극로의 뺨을 때리도록 강요하였다. 참으로 인간으로서는 못할 짓이었다. 친구의 뺨을 치라는, 인격을 파탄시키는 일경의 야비한 처사에 안재홍은 "나는 죽으면 죽었지 저 친구의 뺨은 칠 수가 없소."하고 거부하였다. 그는 차라리 자신이 고문 당하는 편이 낫다고 생각하였다. 인격을 가진 인간에게 자행된 가혹한 고문은 인간으로서는 견디기 힘든 고통이었다. 그는 이 힘든 선택을 마지막까지 감당하였다.

조선어학회 사건은 안재홍의 인생에서 아홉 번째이자 마지막 옥고였다. 그래서인지 가장 혹독하였다. 육체와 정신을 파탄시키는 차마 견뎌내기 어려운 고통 앞에서, 안재홍은 스스로 목숨을 끊으려 할 만큼 처절하도록 인간의 모습을 보였다. 이때 그는 감옥에서 국가國歌와 연결시켜 한시漢詩를 짓고, "이것을 절명시絕命詩로 남겨 두고 적당한 때에 한 많은 고국을 떠나리라고 그윽이 별러 보았다."

太白長青東海闊
乾坤正氣捲舒間
백두산은 사시사철 푸르고 동해물은 넓은데
천지의 정기가 이 가운데서 움츠렸다 펴졌다 하는구나

다행히 마지막 두 구를 채우지 못하였으므로 위의 시는 절명시가 되지 않았다. 수년 뒤 그는 문득 낙구落句 한 쌍을 채웠다.

回顧千古興亡史
多少男兒徒手還
천고 흥망의 자취에 머리를 돌려보면

큰 뜻을 품었던 남아들로 빈 손에 돌아간 이도 많았구나

안재홍은 고통을 감내하면서 의지를 다듬어 민족의 앞날을 바라보았다. 위의 글은 절명시로 끝나지 않았지만, 초연한 듯 처연한 그의 삶 앞에서 숙연함을 느끼게 한다.

1943년 3월 안재홍은 조선어학회 사건에서 불기소로 석방되었다. 그는 고문으로 망가진 몸을 요양하며 안정을 찾으려 하였으나, 일제는 그를 가만 놓아두지 않았다. 1943년 무렵 일제는 타협하지 않은 민족지도자로 여운형·안재홍 등을 지목하고, 대화숙大和塾(출옥한 사상범을 감시하는 기관으로 보호관찰소의 자매기관)에서는 두 사람 을 어떻게든 이용하려 획책하였다. 대화숙은 안재홍을 계속 감시·위협하면서 시국 강연을 하라고 협박하였으나, 그는 끝내 응하지 않았다.

해방과 건국을 준비하다

민족대회소집을 추진하다

식민지시기 끝 무렵 일제가 머지않아 패전하리라 확신한 안재홍은, 책임 있는 민족지도자라면 마땅한 일이겠지만, 한민족이 자주성·능동성을 갖고 해방정국을 주도할 수 있도록 민족의 역량을 조직해 두려 하였다.

미군이 사이판 섬을 점령하고(1944년 6월), 이 섬에 주둔한 일본군이 전멸하였다는 소식이 국내에도 들려오던 7월 무렵, 안재홍은 송진우를 찾아가 시국대책을 협의하였다.

안재홍은 일제가 패망한 이후에 대비하여 민족주의 진영을 '주류역량主流力量'으로 삼는 조직을 결성하자고 제안하였다. 그는 자신이 의도하는 바를 다음과 같이 분명하게 설명하였다.

일제가 붕괴함은 시간문제일 뿐이다. 이때 조선인과 일본 군대 사이에 쓸 데 없이 피를 흘리는 충돌이 생길 수 있는데, 이를 미리 방지해야 한다. 또 일제가 물러간 뒤 각각 국제세력을 배경으로 삼는 민족주의와 공산주의 진영 사이에 대립·항쟁이 올지도 모른다. 이에 대처하려면 국내에 있는 '양심적인 부대의 주류역량'을 결성하여 시국을 구하는 대책을 세워야 한다.

안재홍은 해방과 동시에 닥쳐올 혼란상에 대비하고, 민족주의 세력이 시국을 주도하여 나가기 위해서는 민족주의 진영을 중심으로 하는 조직체가 필요하다고 역설하였다.

그러나 송진우는 이 제의를 거절하였다. 송진우는 중경의 대한민국임시정부를 실없이 과대평가하여, 중경임시정부가 환국·집권하면 국내문제가 쉽게 해결된다는 턱없는 낙관론을 펴면서 안재홍이 제안한 바를 단호히 거부하였다. 송진우는 "긴박한 시국에는 오직 침묵밖에는 … 만일 우리가 움직이면 움직일수록 일본의 손아귀 속에 끌려 들어갈 뿐이오."라고 잘라 말하였다. 그는 1943년부터 '일제필망日帝必亡'을 확신하였고, 1945년 7월을 그 날로 예측하기도 하였지만, 자신이 중국의 왕자오밍王兆銘, 프랑스의 페탱, 필리핀의 라우렐처럼 적에게 협력한 자로 몰리어 지탄받지 않을까 뒤사리며 은둔으로 운신하였다.

송진우는 안재홍과 논쟁을 벌인 날부터, 약병을 머리맡에 놓고 이불을 펴고 드러누워서 중병을 가장하였다. 한민족의 진로에 중대한 영향을 미칠 제의를, 송진우는 동포들의 '피값'을 이용하려는 권력욕 정도로 치부하며 비난한 뒤, 중병을 핑계로 두문불출하였다. 이로써 민족주의를 자임하는 정치세력은 아무런 조직체도 준비하지 못한 채 8·15해방을 맞았다.

민족주의 진영을 '주류역량'으로 삼는 단체를 결성할 수 없게 되자, 안재홍은 지하조직이 아닌 표면운동의 형태로 민족대회소집을 구상하면서 여운형과 협동하였다. 1944년 12월 상순 안재홍은 일제 관원과 단독으로 시국을 협의하는 자리에서, 임진왜란·명성황후시해·관동대지진의 일을 상기시키며, 일본이 무력을 사용하였으므로 일본을 향한 한국민의 적개심이 고조되었음을 지적하였다. 또한 일본이 퇴각할 때 예상되는 유혈을 방지하기 위한 방안으로 민족자주·호양협력互讓協力·마찰방지의 3원칙을 제시하면서 "우리들 일파에게 일정한 언론과 행동의 자유를 달라"고 요구하였다. 안재홍은 '민족자주'를 내걸고 민족대회를 소집하려 하였다. 여운형도 일제에 이와 비슷한 주장을 하였으나, 총독부측은 이를 거절하였을 뿐 아니라, 「치안유지법」을 들먹거리며 두 사람을 "구금할 수 있다"고 위협하였다.

일제는 '마찰방지(유혈방지)' 한 가지에는 동의하였다. 사실 일제가 여운형·안재홍과 접촉한 주된 까닭이 여기에 있었다. 그러나 '민족자주'는 허락할 의사가 결코 없었다. 안재홍은 '민족자주'를 전면에 내세워, 당시 일제가 외쳐대는 '황민화皇民化'라는 허위의식을 배격하려 하였다. 안재홍·여운형이 '민족자주'를 내걸자, 일제는 또다시 「치안유지법」으로 공갈하였다. 또 한편에서는 '가지마구미鹿島組'라는 폭력단을 조직하여 두 사람을 암살할 계획까지 세워 두었다. 사상전문 검사를 지냈던 모 검사정檢事正이란 자가 공공연히 암살을 떠벌리며 부추기자, 대화숙의 회장 나가사키長崎祐三가 안재홍에게 '민족자주'를 주장하는 위험성을 지적하며 신변의 안전을 충고·조언하는 실정이었다. 민족대회안을 내건 뒤, 안재홍은 일제가 자객을 지명하였다는 정보를 들었으므로, 고향에 내려가지 않고 서울 시내에서 숙소를 자주 변경하면서 8·15해방을 맞았다.

한편 안재홍의 한 측근은 '호양협력'에서 '협력'이라는 말이 뒷날 문제가 될 수 있음을 지적하면서, "그 협력이란 말은 뺍시다. 나중에 협력파라고 시비가 될 것이오"라고 충고하였다. 그러나 안재홍은 "지금 민족자주를 들고 나와 대일對日 절충을 한다는 판인데, 그까짓 호양협력쯤을 그토록 겁낼 것 있느냐"며 고집하였다. 일제가 패망함을 확신하고 시국에 적극 대처하려는 안재홍의 자세는, 조선의 라우렐로 몰릴까 염려하여 병을 핑계로 두문불출한 송진우의 태도와 매우 대조된다.

건국준비위원회를 출범시키다

8·15해방 직전 국내에서 해방을 준비하는 움직임은 두 갈래가 있었다. 하나는 안재홍이 발상하여 여운형과 함께 추진하였던 민족대회소집운동이었다. 이는 1945년 5월 이후 표면화하여 내선일체內鮮一體에 반대하며 민족자주를 모토로 내걸었다. 여운형·안재홍은 민족대회를 소집하기 위하여 송진우 측과도 협력하기로 하고, 이들을 포함하는 민족통일전선을 구상하였다. 해방을 준비하는 또 하나의 운동은 여운형이 주도하는 건국동맹의 지하운동이었다.

일제는 패망하는 날까지 민족대회를 허가하지 않았고, 8월 15일 곧바로 민족대회를 소집할 수도 없었으므로, 여운형·안재홍은 두 갈래의 건국운동을 합류·통합하여 8·15 당일 건국준비위원회를 출범시켰다.

1945년 8월 6일과 9일 각각 '꼬마Little Boy'와 '뚱뚱보Fat Man'로 이름 붙은 원자폭탄이 일본 본토의 히로시마와 나가사키에 투하되었다. 영국 수상 처칠이 일제에 분개하여 '분노한 신의 강림'이라고 저주하듯 표현하였지만, 이 원폭투하로 일본은 무조건항복을 수락하였다.

조선총독부 경무국이 단파방송을 듣고(도쿄의 정부에서 받은 통지가 아니었다), 일본이 '국체호지國體護持'의 조건부로 「포츠담 선언」을 수락하였음을 안 날은 8월 10일이었다. 일제가 항복할 날이 성큼 다가왔음을 파악한 안재홍·여운형은(이들도 단파방송의 소식을 접하고 있었다) 8월 10~15일 사이 건국준비를 위하여 민족역량을 결집하는 조직체를 결성하자는 데 의견을 합쳤다. 두 사람은 일제가 항복하는 날만 기다리고 있었다.

총독부의 수뇌부들이 긴박한 상황에서 가장 염려한 바는 일본인의 생명을 보장하는 치안유지 문제였다. 그들은 민중을 지도하여 치안을 유지할 적임자로 여운형·안재홍·송진우 세 사람을 꼽으면서, 여운형에게 협력을 요청하였다.

8월 14일 초저녁, 용산의 조선참모부 소속의 조선인 장교 하나가 서울 계동에 있는 여운형의 집을 방문하여, 8월 15일 정오에 일본왕이 방송으로 무조건항복을 선언할 예정이라고 알려 주었다. 이 날 밤 정무총감 엔도遠藤柳作는 경성 보호관찰소장 나가사키에게 전화를 걸어, 다음날 아침에 여운형이 필동의 정무총감 관저로 오도록 통지하였다. 상황은 급박하였다. 통지를 받은 여운형은 엔도를 방문하기 전 시급히 안재홍을 만나, 총독부에 내걸을 요구 조건, 행정권을 인수하여 운영할 기관을

일제의 항복조인
도쿄만에 정박한 미주리 함의 선상에서 일본 대표가 항복문서에 서명하는 모습(1945. 9. 2)

결성하는 문제를 협의하여 대책을 세웠다. 8·15해방 전날 밤, 일제가 여운형에게 치안유지를 교섭하는 다급한 순간에, 여운형·안재홍은 일제가 항복한 뒤 "행정권을 완전히 전취戰取"하여 건국 사업에 착수할 계획을 세워 놓았다.

8월 15일 아침 여운형이 엔도를 방문하자, 엔도는 일본왕이 「포츠담 선언」을 수락하는 방송을 오늘 할 예정이며, 한·일 두 민족의 충돌을 방지하기 위하여 치안유지에 협력해 주기를 요청하였다. 이어 여운형은 뒤에 온 경무국장 니시히로와 회담하는 자리에서 5가지 요구 조건을 내세워 승낙을 받아내었다. 엔도는 여운형과 회담하면서, 안재홍에게도 "함께 치안유지에 협력해 달라"는 요청을 전해 주기를 당부하였다.

엔도와 회담을 마치고 돌아온 여운형은 안재홍과 함께 곧바로 건국준비위원회를 발족하는 작업에 착수하였다. 여운형은 우선 오전에 건국동맹원을 정식으로 소집하고, 이들을 중심으로 건국준비위원회의 기획처를 구성하였다. 안재홍은 다른 처소를 마련하여 이곳을 실행부로 삼아 기획처에서 기획한 바를 실행하도록 하고, 여운형이 연락책임을 맡기로 하였다.

안재홍은 8·15 당일 오전, 계동에 있는 임용상의 양옥 건물에 실행부의 사무소를 두고 곧바로 '건국준비위원회'라는 간판을 걸어 건국준비위원회를 발족시킨 뒤 건국사업에 착수하였다. 그리고 저녁 7시를 앞뒤로 하여 다시 이 계동의 사무실에서 여운형·안재홍·이만규·이여성·이상백·정백·최근우 등이 중심이 되어 조선건국준비위원회의 결성식을 갖고, 위원장에 여운형, 부위원장에 안재홍을 추대하였다.

8·15 해방 즉일 계동에 '조선건국준비위원회'라는 간판을 걸어 본부를 두고, 안재홍은 다른 대중들과 함께 '고심참담苦心慘憺'하게 건국 사무에 착수하였다. 그는 "8·15 당일부터 철야하는 동안 거의 38시간"을 일하였다.

8월 15일 밤(여운형보다 하루 앞서) 안재홍은 휘문중학교에 모인 많은 민중들 앞에서 열변을 토하였다. 그는 "하루바삐 자주독립정부를 조직해야 할" 시급함을 역설하면서, 이미 패망한 일본인들을 박해하지 말고 곱게 돌려보내는 '대국민의 태도'를 보이자고 호소하였다.

해방 다음날 민중들 앞에서
연설하는 모습

8월 16일 늦은 오후에도 안재홍은 휘문중학교 교정에 모여든 많은 민중들 앞에서 해방민족이 나아갈 앞날을 제시하는 열띤 연설을 하였다. 이때 안재홍은 55세였는데, 당시 중학생으로 연설을 들었던 송건호에 따르면, "영양실조와 고생으로 윤기 없이 까맣게 타 버린" '걸인 같은 모습'의 얼굴은, "삼엄한 일제의 총검 치하에서, 그들의 온갖 유혹과 협박을 물리치고 끝내 조선 민족의 양심을 지킨 민족지도자 민세 안재홍의 있는 그대로의 모습"이었다.

8월 16일 오후 3시, 안재홍은 건국준비위원회 부위원장의 자격으로 서울중앙방송에서 「해내海內·해외의 삼천만 동포에게 고함」을 전국에

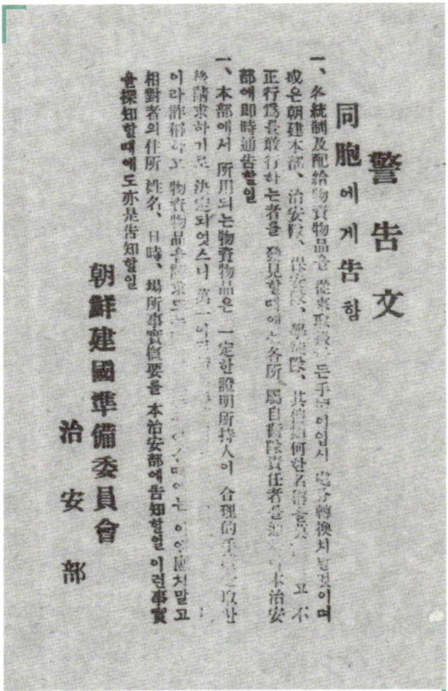
警告文

同胞에게告함

朝鮮建國準備委員會

治安部

조선건국준비위원회 치안부의 명의로 공포된 경고문 「동포에게 고함」

연설하였다(오후 6·9시 재방). 정규병을 편성하고, 통화·물가를 안정시키는 문제까지 언급하면서 행정기관을 접수할 날도 멀지 않았다고 선언한 이 연설은, 건국사업의 원칙과 방향을 내밝히려는 데 목적이 있었는데, 누가 보더라도 "새 정부 수립에 즈음한 정책 발표"이었다. 이 방송을 들은 조선 민중은 누구나, 조선총독부는 해체되었고 일본군은 무장해제되었으며, 조선독립이 실현되어 신정부가 수립되었다고 느꼈다.

다 아는 바와 같이, 건국준비위원회는 8·15해방 뒤 가장 먼저 결성된 정치조직이었다. 안재홍은 '건국준비위원회'라는 명칭도 지을 만큼, 자신의 정국 구상을 실현시키려는 커다란 의욕을 지니고 이에 적극 참여하였다. 그는 건국준비위원회가 '건국'을 준비하는 기관, 즉 '다음 단계의 정부수립을 기초하는 준비기관'으로서 최선의 구실을 다하도록 노력하였다.

안재홍은 민족주의 주도권 아래 민족주의와 공산주의가 건국준비위원회 안에서 '민공협동民共協同'함으로써 과도정권을 세우고, 이를 밑받침으로 삼아 민족주의자가 영도하는 통합(통일)민족국가를 건설하려 하였다. 달리 말하면, 해외에 있는 독립운동 세력들이 국내에 입국하기 전, 그리고 독립정부가 들어서기 앞서 건국준비위원회가 국내사정을 고루는 작업을 완료하고, 이어 해외 정치세력과 연결하여 독립정부를 완성시키려 하였다. 그는 건국준비위원회로 국내의 통일전선체를 결성·완성한 뒤 중경임시정부와 해외의 혁명단체들과 연합하려 하였다.

건국준비위원회는 조직과 영향력을 확대하여, 8월 31일까지 전국에 145개 이상의 지방 지부를 결성하는 놀라운 성과를 거두었으나, 헤게모니를 둘러싸고 좌익·우익이 번버스름하게 갈리었다. 마침내 9월 6일 저녁, 건국준비위원회는 좌익 계열이 주도하여 전국인민대표자대회를 열고 조선인민공화국 임시조직법안을 상정·통과시키고 조선인민공화국을 선포하였다. 이로써 중앙의 건국준비위원회는 조선인민공화국으로 자동 해소되고 말았다.

이와 같이 건국준비위원회가 좌경화하는 상황에서 안재홍은 이를 탈퇴할 수밖에 없었다. 그는 건국준비위원회 안에서 민공협동이 결렬되었다고 결론짓고, 9월 10일 중경임시정부를 중심으로 한 건국정부 수립 방안을 제시하며 건국준비위원회를 완전 '퇴각'하였다. 그는 "중경임시정부에 최대한 임무를 허용하는 것이 당면 필수의 정책"으로 "중경임시정부를 기준으로 하루바삐 신국가 건설 정권"을 수립하자고 주장하였다.

신민족주의를 제창하다

건국준비위원회가 결렬되자, 안재홍은 자신이 의도하는 민공협동을 실현하고, 중경임시정부가 입국하여 건국을 주도할 수 있는 여건을 조성하기 위하여, 우선 민족주의 진영을 결집·강화하고 총역량을 집결한 민족주의 정당을 결성하고자 하였다. 처음 그는 신간회운동에 참여했던 민족주의 세력을 중심으로 조선국민당을 조직하고, 이어 '신민족주의' 이념을 표방하면서 군소 정당을 통합하여 9월 24일 민족주의 정당인 국민당을 창당하였다.

안재홍은 해방 정국에서 아주 바쁘게 활동하면서도 신민족주의 이념을 정립하는 데에 힘을 쏟아, 한 달여만에 「신민족주의와 신민주주의」(1945. 9. 20 탈고)라는 작은 책자를 집필하였다. 신민족주의론은, 좁게는 민족주의 세력을 통합·강화하려는 국민당의 창당 이론을 세우고, 넓게는 민족주의 주도권을 전제로 한 민공협동의 이념을 정립하여, 궁극에서는 국가건설의 큰벼리[大綱]를 제시하는 데 목적이 있었다.

안재홍은 한민족 공동체의 삶을 "어디를 향하여"(초계급적 통합민족국가)·"어떠한 기준으로"(사회민주주의)·"어떻게 만들어야 하는가"(국민당)하는 역사의 과제에 맞닥뜨리어 이를 풀어갈 방안으로 신민족주의를 창안하였다. '신민족주의'는 '신민주주의'를 껴안고 안재홍의 정치사상을 총괄하는 핵심어이며, 이것의 근원어는 '초계급적 통합민족국가'였다.

안재홍 스스로 '국민당'이라는 당명이 '우익적 보수사상'을 풍기고 있음을 의식하면서도, 이를 선택한 이유는, 중소지주·중소기업가·노동자·농민 등 모든 사회계급을 모두 끌어안은 '국민'을 통합민족국가의 계급기반으로 설정하였기 때문이다. 식민지시기 자신도 가려서 사용하였던 '인민'을, 8·15해방 이후 '국민'이라는 말로 갈아 쓴 까닭도, '인민'이 지주·자본가를 돌려내는 계급성을 다분히 드러내는 반면, '국민'은 지주·자본가도 끌어안는 '초계급적'(계급통합)인 의미를 지녔다고 생각하였기 때문이다.

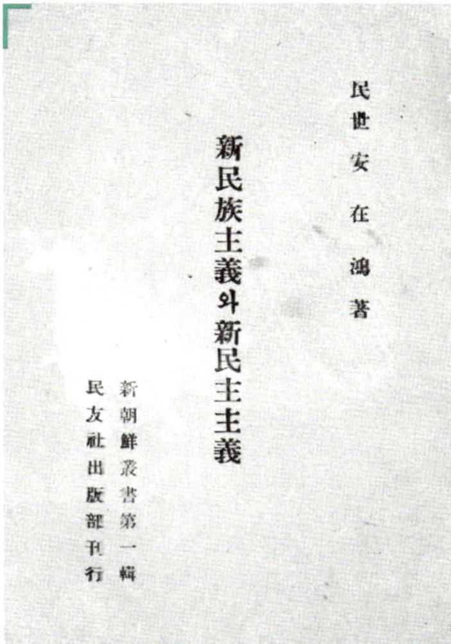

「신민족주의와 신민주주의」의 표지

안재홍은 국민당의 이념을 "극좌·극우를 모두 배척하고 국력을 통합하여 신민주주의의 새 나라를 세우자는 중앙당"이라고 설정하였다. 국민당은 공산주의(=계급주의, =소련 의존)의 극좌, 보수우익(=민족파쇼=미국 의존)의 극우를 모두 배격하고, 외세에 의존하지 않는 민족자주의 '중앙당'임을 자임하였다.

그러면 안재홍의 사상을 한데 묶는 신민족주의가 무엇인지 잠깐 살펴본다.

그가 신민주주의·신민족주의라는 용어로 자신의 정치이념을 표명한 때는 8·15해방을 앞뒤로 한 시기였다. 그는 8월 15일 이후 바쁜 정치활동으로 숙소를 옮겨다니는 동안에도 피로와 심신의 혼란을 가다듬으며 짬을 내었다. 충분한 참고서적도 아니 갖고 「신민족주의와 신민주주의」

를 토막토막 써서 탈고한 날은 9월 20일이었다. 이는 8·15해방 후 한 달여 되는 기간으로, 어지러운 정국 속에서 안재홍이 신민족주의 이념을 정립하기 위하여 얼마나 고심하였는지 짐작할 수 있다.

'신민족주의'·'신민주주의' 할 때의 '신新'이란 말 그대로 새롭다는 뜻이다. 안재홍은 이전의[舊·'낡은'] 민족주의·민주주의가 부르주아 중심이었기 때문에 계급분열·계급투쟁의 원인이 되었다고 비판하면서, 이를 새롭게 수정함으로써 계급 대립과 투쟁의 요인을 제거한 사회를 건설하는 이론을 제공하고자 하였다. 신민족주의는 '초계급적 통합민족국가'를 목표로 삼았다. 이때 '초계급적'은 계급대립·계급투쟁을 지양·청산함을 뜻하며, 극좌의 무산계급독재와 극우파쇼의 부르주아 계급독재를 모두 부정하고, 노자협조勞資協調 노선을 비롯한 계급협조 노선을 지향하는 '계급통합'의 의미를 지니고 있었다.

안재홍은 일제 식민지에서 벗어난 한국민족사의 지향이 "초계급적인 통합민족국가를 건설하여 전민족의 해방 및 독립의 완성을 도圖함이 역사의 명제"라고 누누이 강조하였다. 그가 말하는 '초계급적 통합민족국가'는 민족주의·공산주의의 이념을 '회통會通'시킨 신민족주의 이념에 따라, 민족 내부의 모든 계급대립을 해소하고, 경제균등을 바탕으로 정치·교육(문화)의 평등을 실현한 국가를 뜻하였다. 안재홍은 계급투쟁을 거치지 않고, 즉 공산주의국가가 아니더라도 이러한 사회를 건설할 수 있다고 확신하였다. 그가 제시한 국가건설의 방략은, 계급투쟁을 거치지 않고 합법의 방식으로 제도 속에 균등사회를 실현하는 수단·방안이었다.

이미 식민지시기에 정약용을 '국가적 사회민주주의자'로 규정한 안재홍은, 8·15해방 후 자신이 주창한 신민족주의(=진보민족주의, =신민주주의)의 이념 정향定向을 사회민주주의로 설정하였다. 안재홍은 "균등사회의 토대 위에 대중적 정치평등의 체제를 수립하는 것이 신민주주의"라고 정식화하였는데, 이는 신민족주의가 공산주의의 경제균등과 자유민주주의의 정치평등을 기초로 한 사회민주주의 정치체제를 지향하였음을 뜻한다. 그는 의회제도를 중심으로 운용되는 자유주의민주주의 정치체제를 바탕으로, 경제균등을 실현하는 사회주의 이념을 제도로 입법함으로써 대지주·대자본가의 독점을 미리 막고, 민중의 최저생활을 보장하는 경제체제를 확립·완성하려 하였다.

안재홍은 자유주의민주주의가 경제균등을 실현하는 전제·선행요소가 된다고 생각하였다. 또한 현대사회에서는 부력富力(경제의 토대) 위에 정치기구(권력체제)가 서게 되고, 지력智力(교육·문화)의 여러 기능이 결정된다고 인식하였다. 따라서 그는 경제균등을 사회평등의 '제일의第一義'의 요소 또는 기본조건으로 간주하였고, 경제균등(경제민주주의)가 실현되지 않은 정치상의 민주주의란 부르주아독재에 불과하다고 단언하였다.

'초계급적 통합민족국가' 수립에 힘쓰다

중경임시정부를 추대하다

중경임시정부 영립보강론

극좌와 극우가 평행하여 달리는 해방정국에서, 안재홍은 국민당을 결성하여 진보민족주의 세력을 규합하고, 이로써 중경임시정부를 지지하는 지반을 다지려 하였다. 그는 국민당을 창당한 후 '중경임시정부 지지'를 더욱 분명하게 내걸었다.

안재홍은 좌익 계열이 인민공화국을 조각組閣하여 정부를 자처한 데 단연 반대하면서, 정식정부를 수립하는 길은 이미 임시정부의 형태로 조직되어 있는 "대한민국임시정부를 영립迎立 보강補强함이 가장 쉬운 방법"이라고 제안하였다. 이를 풀어 말하면, 중경임시정부를 맞아들여 과도정부로 세운 후 보강하자는 주장이었다. 이러한 '중경임시정부 영립보강론'은, 중경임시정부가 국제 사회에서 승인 받은 과도정부의 자격으로 입국하여 정권을 잡고[執政], 국내외에서 활동한 모든 혁명역량을 집결시켜 중경임시정부를 보강·확충함으로써, 신국가건설을 추진하는 건국정부(정식정부)로 발전시키자는 건국방침이었다.

1945년의 끝 무렵 안재홍은, 이승만을 중심으로 결성된 독립촉성중앙협의회獨立促成中央協議會(1945. 10. 23)의 명칭을 제안하여 이에 적극 참여하고, 12월 말경부터 중경임시정부가 주관하는 신탁통치 반대운동도 앞서서 주도하였는데, 이 모두 중경임시정부를 과도정부로 추대하려는 데 목적이 있었다. 안재홍은 좌우합작운동에 참여하기 전까지 이를 뭉근하게 실천하였다.

제2차 세계대전이 끝난 후, 전후 처리를 위하여 미국·영국·소련 3국의 외무장관은 모스크바에 모여 1945년 12월 16일에서 25일까지 회의를 열고, 27일 회의결과를 발표하였다. 이른바 모스크바 삼상회의三相會議로 불리는 이 회의는, 제2차 세계대전이 종결된 후 처리해야 할 국제문제들, 무엇보다도 일본에서 분리된 지역의 관리 문제와 「얄타 협정」에 의거한 한국의 독립문제 등을 토의한 끝에 「모스크바 협정Moscow Agreement」을 체결하였다. 여기에는 4개 항의 한국문제 결정도 포함되어 있었다.

미국과 소련은 8·15해방 후 4개월이 넘도록 한국문제에 합의를 보지 못하였는데, 모스크바 삼상회의에서 한국문제를 해결할 국제합의를 끌어내었다. 4개 항의 요점은

① 한국을 완전한 독립국으로서 재건·발전시키기 위하여 한국민주임

시정부를 수립한다.

② 한국민주임시정부 수립을 돕기 위하여 미·소 양군 사령부의 대표로 미소공동위원회를 구성한다.

③ 미소공동위원회는 한국민주임시정부와 협의하여 미·소·영·중 4개국의 동의를 얻어 최고 5개년간의 신탁통치를 제안한다는 내용이었다.

그런데 「모스크바 삼상회의 결정」에 따르면, 중경임시정부는 미소공동위원회와 협의할 하나의 정당에 불과하였고, 중경임시정부가 주장하는 '임시정부 법통론'에 근거한 정통성·법통성은 아예 인정되지 않았다. 중경임시정부를 과도정부로 지지하는 우익 세력의 시각에서 「모스크바 삼상회의 결정」을 평가할 때, 이는 매우 폐쇄된 결정이었다. 이 점이 우익 세력들이 「모스크바 삼상회의 결정」을 애초 인정할 수 없는 이유였다.

「모스크바 삼상회의 결정」의 핵심은 한국민주임시정부를 수립하는 데 있었고, 신탁통치는 이 민주임시정부와 협의하여 제안한다고 규정하였다. 이 결정의 주안점은 한국의 독립을 지원하는 데 있었고, 신탁통치는 한국민주임시정부가 수립된 이후에 실시한다고 명시하였다.

미국은 이미 1943년부터 아시아의 신생독립국에 신탁통치를 시행한다는 방침을 확정하였고, 삼상회의가 진행되는 동안 신탁통치 문제를 적극 제기하여 이를 관철시켰다. 무엇보다 중요한 점은, 38도선을 경계로 미국과 소련에게 분할점령된 한국에, 완전한 통일독립정부가 들어서려면 미국과 소련의 협력·합의가 절대전제인데, 「모스크바 삼상회의 결정」은 미·소 사이의 유일한 국제합의였다는 사실이다. 따라서 미·소가 끝내 대립하여 이 결정이 파기되고 만다면, 한국의 독립문제는 원점으로 되돌아가고, 분할점령은 민족분단으로 이어지고 만다는 냉혹한 국제 현실은, 한국민이 극복해야 할 무거운 과제였다.

민족사의 현실이 이러한데도, 극우 정당인 한국민주당의 기관지 『동아일보』는 아직 모스크바 삼상회의의 결과가 공포되지 않은 1945년 12월 27일, 「모스크바 삼상회의 결정」을 정파성을 갖고 치밀하게 왜곡 보도하였다. 『동아일보』는 「모스크바 삼상회의 결정」을 신탁통치 문제에 국한시킨 채, 1면 머리기사로 명백한 왜곡보도를 자행하였다. "소련은 신탁통치 주장 – 소련의 구실은 38선 분할점령, 미국은 즉시 독립"이라는 기사는 전혀 사실과 달랐다. 이는 신중하지 못한 오보誤報가 결코 아니었다.

한국문제를 결정할 중대한 회담이 진행되고 있는 동안 『동아일보』는 벌써부터 반소反蘇 감정을 자극하였고, 이어 반공反共 감정을 확대해 나갔다. 『동아일보』는 12월 24일 "소련이 원산과 청진에 특별이권을 요구한다"고 보도하면서, 날마다 반소 기사를 실었다. 이러한 연장선에서 『동아일보』는 「모스크바 협정」이 조인·공포되기도 전에, 회담의 결과를 전혀 엉뚱하게 왜곡보도하였다. 이에 자극 받은 우익 세력들은 「모스크바 삼상회의 결정」의 내용도 정확히 알지 못한 채, 12월 28일 신탁통치반대국민총동원위원회를 결성해 신탁통치 반대운동(반탁운동)을 거세게 일으키는 기이한 현상을 보였고, 정국은 소모뿐인 반탁운동의 소용돌이 속에 휩쓸리고 말았다.

우익 세력들은 즉시 독립을 바라는 민중들의 민족감정을 이용하여, 「모스크바 삼상회의 결정」이 신탁통치를 실시하려는 조약이며, 신탁통치는 다시 식민지 상태로 돌아가는 일이라고 선동하였다. 우익 세력들은 반소·반공의 이데올로기를 앞세워 민족감정에 불을 지피고, 좌익이 주도하는 정국을 반전시키려는 목적에서 반탁운동을 주도하였다. 그리고 반탁운동의 또 다른 대안으로 '중경임시정부 추대'를 내걸었다.

안재홍도, 중경임시정부가 반탁운동을 주도하여 모든 반탁 역량을 집중·통일시켜 민족통일전선을 완성하고, 중경임시정부가 '국민'을 장악하는 절대 지도권을 미군정에 확인시킴으로써 중경임시정부를 과도정부로 인정받으려 하였다. 12월 28일 중경임시정부를 중심으로 신탁통치반대국민총동원위원회가 결성되었는데, 안재홍은 12월 30일 이 단체의 부위원장겸 중앙위원으로 선임되었다. 그는 반미운동이나 총파업으로 나아가려는 강경론을 누그러뜨리며, 맨 앞에 서서 반탁운동을 주도하였다.

민족자결론

건국준비위원회를 탈퇴한 뒤 좌우합작운동에 참여하기 전까지, 안재홍은 민족자결론의 시각에서 민족문제를 바라보았다. 그가 중경임시정부를 '영립보강'해야 마땅하다고 주장한 까닭은, 이것이 한민족 안에서 민족주의 주도권을 다지는 문제에 그치지 않고, 외세의 간섭을 배제하고 한민족의 '자주력'으로 건국정부를 세우는 '자력건국'의 지름길이라고 판단하였기 때문이다.

물론 안재홍도 미·소 두 점령군이 38도선을 분할점령하여 남·북이 갈리었고, 중경임시정부가 개인자격으로 환국하였으며, 한민족의 의사와 관계없이 「모스크바 삼상회의 결정」이 결정되는 등, 한국문제에 숱한 국제제약이 따름을 인식하였다. 그러나 그는 민족자결의 이상과 당위성을 내세워, 8·15해방과 이후의 완전해방에 이르는 한민족의 진로에서 미·소가 주도력·규정력을 갖고 있는 엄정한 현실상황을 수긍하지 않았다. 안재홍은 이 난관을 중경임시정부를 중심으로 하는 건국운동으로 돌파하려 하였다. 그는 민족자결론의 원칙에 서서, '자력건국'의 기치 아래, 민족총의를 밑받침으로 삼아, 중경임시정부를 정식정부로 발전시킴으로써 국제제약성을 극복하려 하였다. 그렇기에 중경임시정부를 과도정부로 삼아 자력으로 강력한 '건국정부'를 수립하자고 주장하였다.

민족자결론의 잣대만으로 국제제약성을 극복하려던 시야에서도, 한국독립은 미국·소련 사이의 협력·협조가 절대전제가 된다는 국제연관성을 인식하였겠지만, '중경임시정부 추대'를 민족자결의 방안으로 내세워 독립을 추구하던 차원에서는, 이러한 인식을 실천의 차원으로 이어나갈 수 없었다. 적어도 '탁치문제'에만 한정하여 보더라도, 안재홍은 그의 전체 정치행태와 동떨어진, 수긍하기 어려운 노선을 걷고 있었다. 그 스스로 인정하였듯이, '반탁의 주장'이 "이유로 되어 미소공동위원회는 최후의 결렬"을 보게 되었고, 이 때문에 "1947년 8월 끝에는 미소협조에 의한 남북통일 독립완성은 절망이라고 단념하게 된 것"이었다.

반탁운동은 민주임시정부수립을 사명으로 하는 미소공동위원회를 결렬시킴으로써 「모스크바 삼상회의 결정」을 파기시켰다. 이로써 한국독립의 문제는 원점으로 돌아가 유엔으로 넘어갔고, 한국은 끝내 남·북에 두 개의 정부가 들어서 민족은 분단되고 말았다. 반탁노선은 통일민족국가수립을 발목 잡았고, 안재홍은 한때 반탁노선에 서 있었다.

안재홍의 '중경임시정부 영립보강론'은, 인민공화국에 대항하여 중경임시정부를 건국운동의 구심점·주도력으로 내세워 과도정부로 삼고 정식정부로 발전시켜야 한다고 주장하였다. 이 점에서 송진우·한국민주당 계열의 '중경임시정부 절대지지론'과 함께 '중경임시정부 추대론'으로 일반화할 수 있는 공통분모를 가졌다. 그러나 둘 사이에는 동질화할 수 없는 커다란 틈새가 가로놓였는데, 이를 가르는 가장 중요한 잣대는 민족통일전선의 시의성時宜性을 인정하느냐에 있었다. '중경임시정부 영립보강론'에는 안재홍의 민공협동 이념이 밑바닥에 깊이 깔려 있었다.

안재홍은 1945년 11월 27일 김구와 회담하면서 좌익과 협동 방침을 써야 한다고 강조하였다. 그는 인민공화국이 "내 나라 내 정부에 굶주린 일부 인민에게 지지"되고 있는 현실을 설명하면서, 중경임시정부의 정통성을 확보함으로써 민중의 지지를 획득하여야 하며 인민공화국과도 극단으로 대립하지 말라고 건의하였다.

안재홍은 중경임시정부의 정통성을 내세워 인민공화국을 부정하였지만, 인민공화국이 현실의 정치세력임을 또한 인정하여 대화하려 하였고, 양자가 극렬하게 대립하기를 바라지 않았으므로, 한국민주당과 같이 적대감을 갖고 '인민공화국 타도'를 외치지 않았다. 또 중경임시정부를 지지하는 처지에서, 인민공화국을 해체하여 중경임시정부 안으로 끌어안으려 하였으나, 좌익을 물리력으로 '강압強壓'해야 한다는 주장에는 반대하였으며, '민족의 자주적 해결'이 아닌 '군정의 간섭'을 빌려 인민공화국을 강제로 해체하는 방식도 바람직하지 않다고 보았다.

좌우합작운동을 추진하다

제1차 미소공동위원회의 결렬

우익 세력이 반탁운동을 격렬하게 일으키는 가운데, 1946년 3월 20일 서울에서 제1차 미소공동위원회가 열렸다. 그러나 「모스크바 삼상회의 결정」에 따라 한국민주임시정부를 수립하는 과제를 원조하기 위하여 소집된 미소공동위원회는, 미·소가 참가단체의 자격 문제와 38도선 철폐 문제에 타협을 보지 못함으로써 1946년 5월 8일 무기휴회無期休會되었다.

제1차 미소공동위원회가 결렬되는 발단은, 미소공동위원회와 협의할 정당·사회단체의 자격문제를 둘러싸고 미국 측과 소련 측이 타협점을 찾지 못한 데서 싹텄다. 소련 측은 「모스크바 삼상회의 결정」을 반대하는, 즉 반탁운동을 주도하는 정당·사회단체는 협의대상에서 제외하자고 주장하였고, 미국 측은 '표현의 자유'를 구실로 반탁운동 세력을 포함시키려 하였다. 이러한 대립 속에서 소련 측이 미국 측에 한 차례 양보하여 회담은 다소 진전되는 듯하였으나 끝내 휴회되고 말았다.

제1차 미소공동위원회가 실패한 근본 원인은, 두말할 나위 없이 미·소 양국이 제 나라와만 우호관계를 갖는 정부를 세우려는 방침에 있었다. 그러나 「모스크바 삼상회의 결정」 자체를 파괴시키려는 반탁운동이 이러한 빌미를 제공하였다. 반탁운동은 소련 측을 상대하는 미국의 처지를 난처하게 만들었을 뿐 아니라, 미소공동위원회가 영향력을 행사할 수 없게 만듦으로써 미소공동위원회를 깨뜨렸고, 끝내 「모스크바 삼상회의 결정」을 파기시켰다.

제1차 미소공동위원회가 무기한 휴회된 뒤, 미·소 합의에 따라 한국 문제를 해결하려는 노력은 난관에 부닥뜨렸고, 이는 결국 임시정부수립을 지체시켜 민생문제를 비롯한 모든 시급한 과제가 악화되는 결과를 가져왔다. 이러한 정황은 반탁운동을 주도하였던 우익 세력의 일부(김규식·안재홍 등 중도우파로 분류되는)에게 미·소 협조가 한국문제를 해결하는 전제이며, 「모스크바 삼상회의 결정」은 미·소가 협조·합의하여 한국문제를 해결하려는 유일한 방안임을 일깨웠다. 이들은 「모스크바 삼상회의 결정」을 수용하여 미소공동위원회를 재개시켜야만 민주임시정부를 속히 수립할 수 있다는 절박한 결론을 절실히 깨달았다.

한국 문제가 미·소라는 외세의 제약을 받고 있는 현실에서 미·소의 협조는 한국의 독립에 절대전제가 되는데, 좌·우의 대립은 미·소의 협조를 파괴하여 독립을 마냥 지연시키고 있었다. 미·소의 협조를 유도하기 위해서는 좌·우의 정치세력들이 먼저 협력·협조하는 좌우합작이 또한 한국독립의 선결과제였다. 좌·우의 이념과 남·북을 통합한 통일민족국가를 건설하기 위해서는, 좌·우로 갈린 국내의 정치세력이 이념을 초월하여 통합해야만 하였다.

제1차 미소공동위원회가 실패로 끝난 후, 안재홍은 이전에 자신이 지녔던 정치노선을 크게 수정하였다. 여기에는 여러 가지 복합 변수가 있었지만, 「모스크바 삼상회의 결정」이 한국문제를 해결할 유일한 국제합의라는 사실을 인정하였다는 데 가장 큰 동기가 있었다. 한국의 독립은 미·소의 협조가 전제된다는 국제관련성·국제제약성을 인식하면서, 안재홍은 「모스크바 삼상회의 결정」을 수용하였고, 만약 이것이 파기된다

1947년 12월 10일 좌우합작위원회 해산시 좌우합작위원들과 찍은 사진
앞줄 왼쪽에서 네 번째가 안재홍, 정가운데가 김규식

면 한국문제는 다시 원점으로 돌아가, 민족문제는 난관에 빠진다는 절박한 결론에 이르렀다. 이제 그는 좌우합작으로써 미·소 협조를 유도하여 미소공동위원회를 재개시키고, 나아가 민주임시정부수립을 촉진시킬 목적으로 좌우합작운동에 적극 참여하였다.

1946년 5월, 제1차 미소공동위원회가 결렬된 후 여운형·김규식을 중심으로 좌우합작운동이 일어났다. 이는 좌·우의 정치세력이 연합하여 빠른 시간 안에 미소공동위원회를 재개시키고, 나아가 좌·우의 이념을 통합하여 남·북을 통일한 민족국가를 수립해야 한다는 좌우합작 주체들의 의지와, 국내 정치세력을 재편성하여 활용하려는 미군정의 정치

공작이 결합되어 추진되었다.

여운형·김규식을 비롯한 좌우합작운동의 좌·우 두 주체들은, 신탁통치 문제(「모스크바 삼상회의 결정」의 제3항이 제기한)로 더욱 날카롭게 양극화한 국내 정치세력의 대립·갈등을 해소하고, 한국에 미치는 미·소의 영향력을 뛰어넘으려는 분명한 의지를 지니고 있었다. 한편 미군정은 좌익 세력을 분열시켜 조선공산당 세력을 고립시키고, 이른바 중도좌파라 불리는 정치세력을 우익 세력과 합작시켜 과도입법의원을 구성함으로써, 다시 열릴 제2차 미소공동위원회에서 소련보다 우위를 차지하려는 의도를 가지고 좌우합작운동에 적극 간여하였다.

좌우합작운동에서 '합작'은 ① 국내의 좌·우 정치세력을 통일하여, ② 군정과 협력하고, ③ 미·소의 협조를 유도한다는 세 가지 지향점(三合作)을 가지고 있었다. 이 3합작은 좌우합작운동을 추진한 좌·우 두 주체에게 합작의 공통분모이었다. 합작 세력들은 이러한 인식 아래 「모스크바 삼상회의 결정」을 한국문제를 해결하는 방안으로 수용하여, 미소공동위원회를 재개시킨다는 단기목표를 이뤄냄으로써, 민주임시정부를 수립하고 통일민족국가를 수립한다는 궁극의 목표를 일궈내려 하였다.

합작이론을 세우다

안재홍은 1946년 7월 들어 좌우합작을 적극 지지하였고, 7월 8일 우측 대표 5인 가운데 한 사람으로 선임되어, 10월 7일 「좌우합작7원칙」을 타결하여 서명하였다. 그는 좌우합작운동을 추진하면서, 합작의 타당성과 방향·목표 등을 이끌어내 합작이론을 체계화하였다.

그러면 안재홍이 좌우합작운동에 적극 참여한 동기·의도는 무엇일까. 결론부터 말하면, 그는 좌우합작을 성사시켜 국내의 정치세력을 통합한 자주력을 기반으로 삼아, 미군정과 합작(협조·협력)하여 점차 군정을 완전히 이양받음으로써 남한의 자주행정권을 획득하고, 이를 밑동으로 삼아 궁극에서 북한의 인민위원회와 협상하여 남북통일정부를 수립하려 하였다. 이러한 전략을 '자율통일정부수립론'이라 이름 붙일 수 있다.

민족현실을 바라보는 대의뿐만 아니라, 당시 미국의 대한정책과 이에 따른 미군정의 정략도 안재홍 등 우익 주체를 좌우합작에 끌어낸 동인이었다. 제1차 미소공동위원회가 휴회될 무렵을 앞두로 하여, 미군정은 좌우합작운동을 출발시키고 입법기구를 창설하려는 계획을 구체화하였다. 미군정은 5월 중순 들어 좌우합작을 나서서 공작하기 시작하였고, 6월 들어 입법기구 수립을 드러내어 추진하였다. 마침내 6월 29일 러취 군정장관이 미주둔군 사령관 하지에게 입법기구설치안을 제출함으로써, 미군정은 좌우합작의 목표가 입법기관 설치에 있음을 전면 공개하였다.

1946년 6월 들어 안재홍을 비롯한 좌우합작운동의 우익 주체는 미군정이 입법기구 설치를 공작하고 있음을 간취하였다. 이들은 자신들의 현실인식과 정치노선을 수정하여, 좌우합작을 밑받침으로 삼아 미군정과 합작함으로써 남한의 군정을 이양 받고, 나아가 통일임시정부를 수립한다는 '자율통일정부수립론'을 내세우며 좌우합작운동에 나섰다.

미국이 새로운 정치지형을 구상하는 눈앞에서 '중경임시정부 법통론'에 근거를 둔 중경임시정부 추대운동은 더 이상 국가건설의 활로가 아니었으므로, 안재홍은 '중경임시정부 추대론'을 에돌아 거둬들였다. 또 이전 미소공동위원회가 진행되는 방향과 엇나가서 미·소를 겉돌게 하고, 끝내는 미소공동위원회를 결렬시켰던 반탁노선(중경임시정부 추대운동과 관련 있는)을 완전히 철회하였다. 그는 미소공동위원회가 한국문제 해결의 열쇠를 지니고 있음을 인정하고 미소공동위원회 재개를 적극 촉구하였다.

안재홍이 좌우합작을 긴급히 요청한 가장 중요한 이유는, 격심한 좌우대립이 내란으로 확산되는 사태를 우려하였기 때문이다. 그는 좌우합작하여 통일정부를 수립하지 못한다면, 한편에서 극좌로 편향하고, 또 한편에서는 극우 편향의 반동세력이 뿌리 내려 '내란적內亂的 항쟁'으로 '동족에게 피를 흘리는 참극'이 일어난다고 경고하였다. 그가 경계하였던 '참극'은 불행히도 1946년 10월 대구의 민중항쟁으로 터져 나왔고, 마침내 동족상잔의 한국전쟁으로 폭발하고 말았다.

국토가 둘로 끊겨 외국의 군정이 실시되는 현실에서 한민족의 자주성과 주체성을 관철시켜 민주임시정부를 수립하는 방안은 무엇인가. 안재홍은 일단 군정이라는 엄연한 현실을 인정하였다. 그리고 좌우합작을 성사시켜 정치세력을 통합한 힘을 기반으로 삼아 미군정과 합작하고, 점차 군정을 완전히 이양 받음으로써 자주행정권을 획득하고자 하였다. 이는 안재홍을 비롯한 우익 주체들이 설정한 좌우합작운동의 중요한 목표이었다. 이로써 미소공동위원회에 적극 참여하여 이와 합작하되, 미소공동위원회의 영향력을 약화·상대화시켜 한민족의 진정한 의사가 반영되는 통일임시정부를 구성하고, 나아가 통일정부를 수립하려 하였다.

1947년 12월 남조선과도입법의원 개원 1주년 기념사진
앞줄 왼쪽 두 번째가 민정장관 안재홍

한민족이 군정을 '자주적'으로 이양 받기 위해서는 '의식적인 군정협력軍政協力'이 절대 필요하였다. 안재홍을 비롯한 합작의 우익 주체가 볼 때, 남조선과도입법의원南朝鮮過渡立法議院에서 활동하고 민정장관으로 재임하면서 미군정의 행정권을 인수받으려던 시도와 노력까지 모두 좌우합작운동의 연장이었다.

안재홍은 입법기구를 설치하는 일을 좌우합작운동의 한 과정·부산물로 보았으므로, 남조선과도입법의원을 좌우합작운동의 목표를 실현하는 남한의 주체로 인식하였다. 그는 제도·법령을 제정하고, 인사행정을 쇄신하며, 민생문제에 응급조치를 행함으로써 행정권을 한민족에게 완전 이양케 하고, 나아가 "남북을 통한 합작으로 통일임시정부의 수립을 도圖하자는 데" 남조선과도입법의원의 사명이 있다고 천명하였다.

안재홍은 남조선과도입법의원을 북한의 인민위원회와 마주 대할 구심체로 발전시켜, 이를 중심으로 인민위원회와 합작하여 남북통일정권을 수립하려는 구상을 지니고 있었다. 그는 ① 좌우합작으로 남조선입법의원을 구성하고(행정권 인수) → ② 북조선인민위원회와 남북합작하여 → ③ 남북통일정권을 수립하는 단계로 나아가는 합작 구도를 가지고 있었다.

남조선과도입법의원은 미군정에게 제약을 받았으므로 권력체로 발전하기에는 한계가 너무 많았다. 그러나 북한에서 인민위원회가 권력을 장악하여 모든 개혁을 단행하고 있고, 또 이와 남북합작할 남쪽의 권력 주체가 요청되는 현실에서, 안재홍에게 남조선과도입법의원은 이러한 제약 속에서도 남북통일임시정부를 실현시키기 위하여 요청되는 차선의 구심점이었다. 그가 남조선과도입법의원을 '불만족한 기관'·'어설픈 존재'로 표현하면서도, 이의 임무를 강조한 까닭은 이러한 이유 때문이었다.

민정장관으로 활동하다

온갖 우여곡절 끝에 어렵게 성사시킨 「좌우합작7원칙」은 좌우합작운동의 눈에 띄는 성과였다. 토지개혁 문제, 친일파·민족반역자 처리 문제 등에서 좌우는 맞당기며 실로 어렵게 합의하였다. 그러나 미군정은 이 「7원칙」의 개혁안을 남조선과도입법의원에서 실천하려는 합작세력의 의지에 못을 박음으로써 중도좌파를 좌우합작에서 이탈하게 만들었다.

게다가 우익에 쏠린 남조선과도 입법의원의 의원 구성도 합작세력에게는 더욱 겹친 난관이었다. 이는 입법의원 안에서 사회개혁을 실천하며 좌우합작의 목표를 이루려는 합작세력들의 의지가 보수우익 세력들에게 발목 잡히는 난항을 예고하였다. 1948년 입법의원이 해산하기까지 중도파 세력들이 제기한 개혁 법안은 하나도 통과하지 못하였다. 이에 좌우합작운동은 미군정과 입법의원이란 틀 안에서 미군정을 설득하며, 한국민주당·이승만 계열의 극우보수 세력과 대결하면서 개혁을 실천하려는 중도우파의 정치세력화로 좁아들고 말았다.

1947년 2월 10일 군정청(중앙청) 앞 광장에서 민정장관 취임연설을 하는 모습

남조선과도입법의원에서 중도파의 좌절은 그대로 민정장관 안재홍의 좌절이었다. 그에게 민정장관 활동은 좌우합작운동의 연장이었다.

안재홍은 1947년 1월 말경 브라운 소장에게서 하지의 추천서한을 전달받고 1주일을 '숙고집의熟考集議'한 끝에 2월 5일 민정장관직을 수락하였고, 2월 10일 민정장관에 취임하였다. 미소공동위원회가 재개되지 않은 상황에서, 미·소 협조에 따른 통일민주정부수립이 마냥 지체되는 현실에서, 그는 자신의 정치이상을 실천·관철하기 위하여 민정장관직을

민정장관 취임식
김용무 대법원장이 임명장을 읽고 있다.

수행하였다.

안재홍은 무엇보다도 "한국의 독립을 원조하는 미국의 군정으로 하여금 민의에 가까운 정치가 되도록 협력하고, 남한의 민주주의 민족진영의 정치토대가 바로잡히도록 노력하는 것"이 현재의 과제라고 판단하였다. 또 미소공동위원회가 파열됨으로써 당장 통일정부가 수립될 수 없는 현실에서, 남한만이라도 군정에 협조하여 정치개혁을 실행하고, 좌우합작 세력을 비롯한 민주역량을 정치세력화하려는 목표를 가지고 있었다. 사실 이 두 가지 과제는 동전의 양면처럼 뗄 수 없는 하나였다.

여기에는 거대한 정치세력이 되어 민족현실에 악영향을 끼치는 한국

군정청(중앙청) 앞 광장에서 민정장관 취임연설을 하는 뒷모습(1947년 2월 10일)

민주당을 견제하려는 의도도 있었다. 안재홍은 한국민주당이 대의명분으로 위장하면서, 발밭은 현실주의노선으로 재바르게 '군정의 여당'이 되어 온갖 기득권을 누리는 현상을 뒤늦게 경계하였다.

한국민주당은 미군정이 중경임시정부를 망명정부로서 인정하지 않는다는 방침을 알았을 때 사실상 '중경임시정부 절대지지론'을 가로새어 폐기하였다. 이들은 미군정의 성격을 확인한 뒤, '협력'을 명분으로 내세우며 미군정에 접근하여, 군정의 고문직을 차지하고 경무국장 등의 요직을 차지하면서 미군정의 여당이 되었다.

이렇게 한국민주당은 일반행정·경찰·사법과 금융계에 적극 참여함으로써 미군정의 집권세력으로 기반을 굳혀 갔다. 당세를 확장하는 데 절대 필요한 물리력을 갖추기 위하여 무엇보다 경찰권을 장악하였다. 조병옥은 군정의 요직 가운데 가장 중책인 경무부장에, 장택상은 수도 경찰청장에 취임하였다. 만약 이들이 진실로 중경임시정부를 정부로 '추대'하려 하였다면, 중경임시정부가 비록 개인자격으로 귀국하였더라도, 중경임시정부를 인정하지 않고 군정을 유일정부라고 표방한 미군정의 여당 구실을 할 수는 없었다.

안재홍은 한국민주당이 정국을 장악함으로써 두 가지 나쁜 결과를 가져왔다고 비판하였다. 첫째, 식민지시기 일제와 결합·타협하였던 반민족反民族 세력들이 고스란히 한국민주당에서 견고하게 결합하여 '보수적 부대'로 재등장하였다. 둘째, 한국민주당 세력들이 반민족 세력들을 끌어안고 '군정의 여당'으로 기득권을 장악하자, 민중은 실망하여 미군정을 불신하는 경향으로 나갔다.

안재홍은 1946년 10월 대구민중항쟁이 좌익 계열이 선동하여 불거진 바도 있지만, 일본제국주의 잔존 세력과 반민족 세력이 재등장하여 군정청에 협력함으로써 민중의 원성을 샀고, 이것이 '폭동'의 중요한 원인이었음을 인정하였다. 10월 민중항쟁을 계기로 안재홍을 비롯한 좌우합작 세력은 미군정과 함께 한미공동회담을 조직하였다. 이들은 미군정을 압박하여 친일 경력이 뚜렷한 경찰수뇌부들을 추방함으로써 한국민주당을 견제하려 하였으나, 자신들이 한국민주당의 적대 세력으로 부상한 결과만 낳았을 뿐 아무런 결실도 얻지 못하였다. 잘못된 정국을 바로잡기 위해서는 합작 세력들이 정치권력을 확보할 필요가 있었다. 안재

민정장관 재직 시 민정장관실의 안재홍(1947년 2월)

홍은 좌우합작 세력을 정치세력화하려 하였고, 자신도 민정장관에 취임하였다.

그러나 안재홍은 민정장관직을 수행하면서 자신이 목표한 바를 전혀 달성할 수 없었다. 우선 미군정은 그가 취임하기 전부터 그를 강하게 견제하였다. 미군정은 행정권을 조선인에게 완전히 이양할 의사가 애초 없었다. 오히려 민정장관의 권한이 아예 커나가지 못하도록 막을 요량으로, 민정장관이 미군정에 종속된 존재임을 분명하게 못박았다.

안재홍은 민주역량을 강화한다는 소명의식을 갖고 민정장관직을 수락하였지만, 그의 개혁의지는 미군정에 제약·굴절되다 꺾일 수밖에 없었다. 당시 한 성명이 "행정권 이양이란 이름뿐이오 그 실은 행정사무를 집행하는 즉 창안創案과 배력配力을 수반隋伴치 못한 한 사무원에 불과"하다고 지적한 대목은 뼈아픈 사실이었다. 한미공동회담 이래 안재홍이 현안으로 생각하였던 경찰의 인사문제도 미군정이 제동을 걸어, 1947년 5월 중순 이후 그의 개혁 구상은 좌절되고 말았다.

경무부장 조병옥이 통솔하는 군정부 각료들은 민정장관 안재홍에게 내놓고 뻗대었고, 정무회의는 조병옥이 좌우하였다. 최흥조가 적절히 지적하였듯이, 마치 "과도정부의 유일한 목적이 장래할 독립정권을 장악하기 위한 한국민주당의 파당세력 조성"에 있는 듯이 보였다.

군정장관 러취가 거부권을 행사하고, 부하 장관들이 복종하지 않는 상황에서, 안재홍은 개혁에 모든 노력을 기울였으나 번번이 수포로 돌아갔다. 그가 민정장관직을 수행한 노고는, 다만 한국민주당이 2년간 저지른 실정의 책임을 떠맡은 채, "불의의 합리화에 힘을 빌려 준" 결과로 끝났다.

'순정우익'을 결집하다

제1차 미소공동위원회가 결렬된 뒤 약 1년만인 1947년 5월 21일 제2차 미소공동위원회가 열렸다. 그러나 제1차 때와 마찬가지로 미소공동위원회는 협의할 정당·사회단체의 자격 문제로 진전을 이루지 못하였다. 7월 들어 교착상태에 빠졌고, 8월 들어 균열될 조짐을 보이다가, 9월 17일 미국이 한국문제를 유엔으로 넘긴 뒤, 10월 21일 다시 결렬되고 말았다.

1947년 8월 15일 광복절 기념식장에서
왼쪽부터 이승만, 김구, 슈티코프, 안재홍

안재홍을 비롯한 중도파들은 제2차 미소공동위원회가 성공하기를 기대하며 적극 참여하려 하였으나, 미소공동위원회는 끝내 파열되고 말았다. 이제 미·소 합의에 기초한 통일정부가 실현될 수 없는 국내외 정세에서, 안재홍은 이상론과 현실론에 따른 이중의 정치행태를 보였다. 그는 통합(통일)민족국가를 이상으로 추구하였지만, 현실 속에서는 '순정우익純正右翼'이라 표현한 중도우파(진보민족주의)를 결집함으로써 민주역량을 강화하고, 나아가 단독정부 수립에 대비하려 하였다. 이 시기 안재홍은 이승만·한국민주당처럼 단독정부수립을 주장하지 않았지만, 홍명희와 같이 통일정부수립론으로 일관한 남북협상파도 아니었다.

안재홍은 제2차 미소공동위원회를 '최후의 기회'라 단정하고, 미소공동위원회가 실패하면 민족의 위기를 초래하므로, 자주성을 갖고 협력하여 미소공동위원회를 성공시켜야 한다고 강조하였다. 그는 이를 '최후의 자주적 협동'이라고 표현하면서, "최후의 협동으로 미·소를 편달鞭撻하자!"고 절박하게 호소하였다.

그러나 제2차 미소공동위원회가 결렬되어 '최후의 협동의 기회'도 완전히 사라졌으므로, 안재홍이 예상한 대로, 미국이 '남조선 단독조치'를 강화함은 분명한 사실이었다. 그렇다고 통일민족국가 건설을 위한 마지막 노력마저 쉽게 포기할 수 없었으므로, 안재홍은 한민족이 주체가 되는 통일정부수립을 가능한 최후까지 시도하였다. 그는 '남조선 단독조치'가 강요되는 국제정치의 역학을 불가피한 현실로 수용하면서, 분단정부의 상황에서 통일민족국가의 이상을 실천하는 새로운 방안을 구상하였다.

안재홍은 분단 구조에서 통일민족국가를 지향하는 유일한 방도는, 남한에 민주역량을 강화하여 진정한 민주주의를 정착시키고, 이를 기반으로 통일정부를 세우는 길이라고 판단하였다. 미소공동위원회가 완전히 깨진 상태에서, 이를 재개하는 데 일차 목표를 두었던 좌우합작운동은 이미 의미를 잃어 버렸다. 안재홍은 '남조선 단독조치'가 닥쳐오는 정세에서 이상론과 현실론을 실천하는 공통분모는, 합작 세력의 중도우파-그가 '순정우익'이라고 규정한-를 결집하여, 통일민족국가를 수립하는 주체로 정치세력화하는 데 있다고 인식하였다. 이것이 그에게는 당면한

1947년 8월 창경궁에서 웨드마이어 중장 환영회 기념 촬영
왼쪽부터 조소앙, 안재홍, 웨드마이어 중장

최대의 과제이었다. 민주독립당民主獨立黨·민족자주연맹民族自主聯盟을 결성하는 데 참여한 이유도 여기에 있었다.

제2차 미소공동위원회가 결렬될 조짐을 보이던 1947년 8월 말부터 안재홍은 중도우익 세력을 정치세력화하기 위해 나놓고 활동하였다. 그는 자신의 정치이념을 실현하기 위해서는 정당을 기반으로 삼는 정치세력이 필요함을 절감하였다. 새로운 정당을 결성하려는 움직임은 10월 민주통일당民主統一黨·민중동맹民衆同盟·신한국민당新韓國民黨·신진당新進黨·건민회健民會 5당이 합당하여 민주독립당을 창당함으로써 완결되었다. 이 신당은 우익 또는 좌익과도 구별되는, 이전의 중도파 가운데 '진정한 우익'인 진보민족주의자들을 결집하는 데 목적이 있었다.

민주독립당이 창당되는 시기를 앞뒤로 하여 정당의 형태는 아니었지만, 중도우파의 결집체로서 민족자주연맹을 결성하는 일이 동시에 추진되었다. 중도파 세력들은 정당을 기반으로 하여, 진보민족주의 진영을 통합한 연맹체를 구성하려 하였다. 이들은 10월 민족자주연맹을 발기한 뒤 12월 20일 결성식을 거행하고, '조선적 민주주의사회 건설'을 내세운 선언과 강령을 발표하였다.

남한에 미국의 단독조치가 현실화하던 1947년 10월경, 안재홍은 '순정우익'의 개념으로 중도우파의 이념지표를 제시하고, 민주독립당과 민족자주연맹을 중심으로 이들을 정치세력화하려 하였다. 그는 순정우익이 요청되는 시대 배경으로, 미소공동위원회가 결렬된 뒤 한국문제가 유엔으로 넘어가 남한만의 단독선거안으로 마감되려는 위기 상황에서, 이에 대처하는 정치세력을 다시 짜야 하는 정황을 강조하였다. 안재홍은 민족독립국가를 완성·발전시키고, 국제협조로써 평화와 공존을 보장받는 길은 순정우익을 결집하여 민주역량을 강화하는 데 있다고 인식하였다.

정치이념 면에서 순정우익은, 무산계급독재를 추구하는 극좌의 공산주의, 특권지배계급이 지배하는 극우의 독점자본주의를 모두 배격하고 진정한 민주주의(신민주주의)를 지향하는 진보민족주의(신민족주의) 세력을 가리켰다. 이때 '우익'은 '좌익' 일반과 대립시키는 용어이며, '순정'은 우익 세력 가운데 자본독재와 파쇼의 성향을 가진 '극우'와 분리시키려는 개념이었다. 안재홍이 '순정우익'을 가리켜 "우익을 끌고 좌우합작에 종사하던 자"라 표현한 데에서 보듯이, 이는 좌익보다 극우보수 세력에 더 큰 분리의식을 지닌 용어였다.

'순정'은 무엇보다 이승만·한국민주당 계열의 단정노선과 단정세력을 경계하는 의도를 가지고 있었다. 이들은 좌우합작운동을 애초 내놓고 거부하였고, 「모스크바 삼상회의 결정」을 폐기시키기 위하여 반탁노선으로 미소공동위원회를 깨뜨렸다. 또한 미군정의 요직을 잠식하여 민주개혁의 발목을 잡았고, 오로지 자파 세력을 확대하여 단독정부를 수립하는 데 전념하였다.

미소공동위원회가 끝내 결렬되는 불행한 사태를, 안재홍은 한민족이 미·소 양국의 손안에서 양분되는 전조로 예견하였다. 한국문제가 유엔으로 이관된 뒤에도, 그는 통일정부 수립의 희망을 완전히 버리지는 않았지만, 이제까지 정세로 보아서 미·소 협조는 낙관할 수 없으므로 '남조선 단독조치'를 수용하면서 통일정부를 지향하는 방안을 강구하였다.

안재홍이 언제부터 '남조선 단독조치'에 대응책을 구상하였는지 분명하지 않지만, 트루만 대통령의 특사로 웨드마이어가 내한來韓한 앞뒤의 시기에 이미 '남조선 단독조치'에 대처하는 방안을 마련하였다. 제2차 미소공동위원회가 파국으로 치닫던 1947년 8월 말에 방한한 웨드마이어 사절단은, 조선의 정세를 조사하는 데 방한 목적이 있다고 밝혔지만, 안재홍은 이를 보고 미국의 정책이 '남조선 단독조치'로 기울었다고 판단하였다. 그는 남조선과도정부 정무회의 이름으로 웨드마이어에게 제출한 정세보고서와 별도로, 민정장관 명의로 웨드마이어에게 공한公翰을 보냈는데, 여기에 그가 의도하는 바가 뚜렷이 드러난다.

이 공한에서 안재홍은, 미·소·영·중 4개국의 협력이 한국의 독립을 보장하는 최선의 정책임을 인정하면서도, 4개국의 절대 협력이 이루어지지 않을 경우, 남한에서 '차선의 방법으로서 독립된 행동the separate action as the secondary way'을 요구하였다. 그는 '남조선 단독조치'가 국제정황에 따른 필연의 추세임을 예견하면서, 이승만·한국민주당 계열의 보수극우 세력conservative extreme right wing이 새로이 수립될 남한 정부에서 주도권을 장악하는 사태를 매우 경계하였다. 이에 그는 '중립의 정치성향neutral political leanings'에 대중들을 모이도록 유도함으로써, 대중들을 좌익의 유혹에서 차단할 수 있다고 강조하였다. 그는 중도파 세력이 남한 정부의 주축이 되어야만 공산주의를 방지하는 최선의 방책이 된다고 설득하고자 하였다.

대한민국의 정통성을 인정하다

5·10선거에 참여하자고 호소하다

1948년 1월 22일 유엔 소련대표가 유엔 조선임시위원단의 입북을 정식으로 거부하고, 2월 들어 북조선 정부수립설이 보도되었다. 2월 7일 안재홍은 홍명희와 함께 유엔 조선임시위원단을 초빙하여, 단독정부수립을 주장하는 극소수의 인사에 현혹되지 말라고 당부하는 등 마지막 노력을 기울였으나, 남북총선거는 불가능하다고 결론짓고 단독정부수립안을 이미 받아들였다.

2월 24일 안재홍이 사회를 보아 열린 남조선과도정부 정무회 정례회의는, 가능한 지역에서 중앙정부를 수립하라고 요청하는 메시지를 유엔 소총회에 전달하기로 만장일치 결의하였다. 2월 26일 유엔 소총회는, 유엔 조선임시위원단이 임무를 수행할 수 있는 지역에서 총선거를 실시하자는 미국의 안을 가결하였다. 3월 1일 하지 사령관은 남한만의 총선거를 공식 발표하였다.

애초 남한단독정부수립을 획책하여 온 이승만·한국민주당 계열의 단정單政세력들은 이를 환호하였다. 1946년 6월 3일 이승만은 전라도 정읍에서 남한단독정부수립을 주장한 뒤, 한국민주당과 발맞추어 단독정부 노선을 추진하였으며, 1947년 7월에는 한국민족대표자대회를 조직하여 남한단독정부수립을 본격 벌여왔던 터였다.

이승만·한국민주당은 남한총선거를 쌍수를 들어 반겼으나, 미·소가 한국에 행사하는 절대의 영향력을 뛰어넘어 통일자주독립국가를 수립하려고 노력한 민족세력들에게 남한만의 총선거는 돌이킬 수 없는 좌절이었다. 남조선노동당과 근로인민당 등 좌익 계열은 물론이고, 중도우파 김규식이 이끄는 민족자주연맹, 보수우익 계열인 김구의 한국독립당 등 거의 모든 정치세력은 나라와 겨레를 두 동강 내는 단독선거를 거부하였다.

안재홍은 미·소 협조가 결렬됨으로써 통일정부수립은 이제 불가능하다고 판단하였으므로, 남한단독정부수립을 불가피하게 수용하였다. 그러나 이를 한민족이 분단되는 민족사의 불행으로 인식하였으며, 그 자신에게 한하더라도, 온갖 어려움 속에서 통일정부수립을 추구한 자신의 정치노선이 실패하였음을 절감하였다.

한편 이승만 계열과 함께 반탁노선에 섬으로써 중도파와 대립하였던 김구는, 이승만·한국민주당 계열이 남한단독정부수립을 드러내놓고 추진하자 이들과 결별하였다. 그는 김규식과 연합하여 북한의 김일성·김두봉에게 남북 요인회담을 제의하였다(1948. 2. 6). 그러나 안재홍은 1948년 4월 평양에서 열린 남북 지도자회의(이른바 남북협상)가 성공하기를 희망하였으나, 이것이 민족분단을 막을 수 있다고는 기대하지 않았다. 그는 남북협상이 북한 정권의 정략에 이용당할 수 있음을 경계하였고, 또 김구에게 이를 충고하였다.

안재홍은 남북협상에 참가하는 김구·김규식의 애국 열성을 진심으로 믿었으므로, 남북협상을 온갖 언설로 비방·모략하는 이승만·한국민주당 계열을 향하여 "일체의 비방·중상·모략은 협상의 위신(威信)을 실추"시킨다고 경고하였다. 그러나 "사대의타적事大依他的인 오류誤謬를 청산하고 민족적 자주성을 앙양할 하나의 계기"를 짓는다는 대의를 인정하였을 뿐, 현실성 있는 성과를 낙관하지는 않았다. 그는 "과도정부로서는 직접 그 문제에 관여할 일이 아니고 그 분들이 일을 좀더 잘 할 수 있도록 간섭하지 않는다고 보는 것이 좋을 것"이라고 말하면서도, "기정 방침대로 선거도 지장 없이 추진하여야 된다."고 분명한 태도를 취하였다.

서울로 돌아온 김구·김규식은 남북협상의 경위와 합의 사항을 설명하는 공동성명을 발표하고 남한의 5·10선거를 거부하였다. 또한 남한단독정부수립에 맞서 단독선거를 실시하여 정부를 수립하려는 북쪽의 정권담당자들에게도 민족분열행위를 중지하라고 요청하였다. 결국 남북협상은 민족분단을 막지 못하였고, 김구·김규식은 민족통일의 대의를 앞세워 남·북의 단독선거를 모두 거부하였다.

안재홍은 남북통일정부수립이라는 민족의 과제 앞에서 남북협상의 중요성과 의미를 부정하지는 않았지만, 사실에서는 시의성時宜性을 상실하였다고 생각하였다. 그는 남북협상에 참가하는 선택과는 또 다른 차원의 문제로, 양심 있는 진정한 민족주의자들이 5·10선거에 적극 참여함으로써 남한에 민주역량을 강화하여, 이후 통일민족국가수립에 대비하자고 호소하였다. 안재홍은 극우보수 세력이 집권한 제1공화국을 평가하면서, "남북협상 당시 선배와 동지들이 남한 선거를 거부"한 오류를 안타까운 마음으로 비판하였다.

남북협상이 실패로 돌아가자, 안재홍은 5·10선거를 거부하는 양심 있는 민족세력이 오히려 선거에 적극 참여함으로써 장차 남·북을 통일하는 민주역량을 남한에 쌓아나가자고 더욱 역설하였다. 그는 "남북총선거는 최선이요, 가능한 지역만의 총선거는 차선인데, 군정을 무기한으로 끌어갈 수 없는 이상 차선책이라도 취해야 한다는 현실적인 이론"을 표명하였다. 안재홍은 남북협상에 참가하는 민족의 대의와, 남한 총선거에 참여하는 현실론이 통일민족국가수립이라는 궁극 목표에 맞닿아 있다고 인식하였다. 그는 양심 있는 정치세력들에게 총선거에 참여하자고 호소하였으나, 명분론을 내세운 반대론도 강하였다.

안재홍의 논리는 단순하면서도 분명하였다. 일제 식민지통치 기간 동안 민족의 독립을 위하여 싸웠던 진정한 애국자들이 의정의 단상을 차지하여야만, 외세에 의존하는 극좌·극우 세력이 등장하지 못하도록 막을 수 있고, 이로써 순정우익이 주도하는 민주국가를 만들 수 있다. "최선이 아닌 다음에야 차선을"이라는 그의 신조는 현실에 터를 잡고 민족의 이상을 내다보았다.

그러나 안재홍의 정치노선은 애초 남한만의 단독정부를 꾀하였던 이승만·한국민주당의 단정노선과는 크게 달랐다. 단정노선은 미·소의 대립을 오히려 부추겨, 이 틈새에서 발밭게 분단정부를 세워 권력을 움켜잡으려 한 '현실의 길'이었다. 송건호가 정곡을 찔러 지적하였듯이, "안재홍의 길은 국제적 질서에 의해 조성된 상황을 현실로 받아들이고 그 현실을 타개하자는 '명분'에서 현실의 길을 택한 것"이었다.

사실 5·10선거는 남한 단독정부를 수립하기 위한 단독선거로 인식되어 민중들은 거세게 저항하였다. 김구·김규식 등 남북협상파로 상징되는 항일 민족주의 세력도 이를 거부하였다. 오직 이승만·한국민주당 계열들이 단독선거를 환호하는 가운데 미군정은 이를 강행하였고, 안재홍은 이러한 정세를 염려하며 민족의 장래를 위하여 양심세력들이 선거에 참여하자고 주장하였다.

마침내 1948년 5월 10일 제헌국회를 구성하기 위하여 남한에서 첫 국회의원 선거를 치렀다. 선거 결과는 실로 불을 보듯 뻔하였다. 북한이 참여하지 않았으므로 나라의 반쪽 선거였고, 좌익계와 중도파는 물론, 민족주의 세력인 남북협상파도 불참하였으므로 이념에서도 반쪽으로 출발한 선거였다. 결과는 예측한 대로였다.

극우 세력들 사이의 경쟁이었던 5·10총선거는 무려 47개 정당·단체에서 후보자를 내어 총 948명이 입후보하였다. 이같이 정당이 난립하는 가운데 전체 198석 가운데 무소속이 85석으로 전체의 42.5퍼센트를 차지하였으며, 이승만의 대한독립촉성국민회 계열이 55명(27.5퍼센트), 한국민주당 계열 29명(14.5퍼센트), 대동청년단 12석(6퍼센트), 조선민족청년단이 6석(3퍼센트)을 차지하였다. 가장 많은 당선자를 낸 대한독립촉성국민회와 한국민주당은 모두 이승만을 지지하는 극우 세력이었고, 무소속 또한 이승만·한국민주당 계열을 향한 민중들의 불만을 피하여 당적을 이탈한 극우 세력이 다수를 이루었다.

임기 2년의 제헌의회는 5월 31일에 선거위원회를 소집하여 최초로 국회를 개원하였고, 제헌국회의 의장에는 이승만, 부의장에는 신익희를 선출하였다. 그리고 헌법을 제정하여(1948. 7. 17), 이승만과 이시영을 각각 제1공화정의 정·부통령에 선출함으로써(7. 20), 8월 15일 분단국가 대한민국이 출범하였다. 뒤이어 북한도 8월 25일 최고인민회의 대의원 선거를 거쳐, 9월 9일 분단국가 조선민주주의 인민공화국을 수립하였다. 이렇게 한 땅이 두 조각 나 두 개의 정부가 들어섰다.

이승만 정권의 독재를 견제하다

제헌국회가 출발하였지만, 남조선노동당을 중심으로 하는 좌익 세력은 물론이고, 김구·김규식을 중심으로 한 우익·중도파도 통일독립촉진회를 조직하여(1948. 7. 21) 단독정부수립을 반대하였다. 안재홍은 평소 김구·김규식을 민족의 양심으로 존경하였고, 한때는 이들과 정치노선에서 동지의 길을 걸었지만, 5·10선거를 거부한 두 사람의 정치행태는 한민족이 나아갈 정당한 진로가 아니라고 판단하였다. 그는 통일독립촉진회가 남한과 북조선을 모두 부인하고 제3노선을 내걸면서 파리에 대표를 파견하는 일이 "그 의기 비록 장하나 그 실현 또한 지난한 것이다."고 뚜렷이 한계를 그었다.

안재홍은 8·15해방 뒤 3년 동안 "북北에서 공산적 요소共産的 要素 누적되는 시간과 함께 뿌리를 박으려 하고, 남에서는 보수적 세력 강권화强權化하려는 사태"를 지적하면서, 이것이 가져올 '중대한 결과'를 우려하였는데, 5·10선거는 그가 진정 바랐던 대한민국의 출발이 아니었다. 극우 세력이 승리한 선거의 결과는 그가 원하던 바가 결코 아니었다. 그는 양심 있는 민족·민주 세력이 나라의 운명을 장악해야 한다고 호소하였지만, 현실은 그의 기대에 전혀 어긋났다.

그러나 안재홍은 5·10선거가 끝난 뒤인 5월 19일, 5·10선거는 대개 민중의 지지를 받는 인물이 피선되었다는 담화를 발표하였다. 그는 대한민국의 첫 출발을 인정하였다. 그렇더라도 대한민국의 정통성을 분명하게 입증하는 논리를 곧게 체계화할 수 없었으므로, 어쩔 수 없이 대한민국의 취약성과 함께 정당성을 확인하였다.

첫째, 안재홍은 '남북을 통한 총선거'를 독립국가를 수립하는 가장 적법한 절차로 받아들였다. 그랬더라면 "진보적인 부대는 반드시 대다수로 뽑히어 보수반동적인 세력의 발호跋扈를 발본색원하면서 우리의 오천 년 조국을 대중의 염원하는 대로 재건하는 작업을 추진하였을 것이 의심 없다."고 판단하고, 이 길이 민족사의 정당한 노선임을 강조하였다. 그러나 소련과 북조선이 이를 거부함으로써 남북 총선거는 실시되지 못하였으므로 남한만의 총선거는 불가피하였다. 이 점에서 그는 대한민국을 '통일지지統一支持의 요청과 차선으로서의 대한민국'이라고 인정하였다.

둘째, 공산주의체제는 결단코 현단계 조선사회에 적합한 사회체제가 아니라는 평소의 신념으로 대한민국의 정당성을 인정하였다. 안재홍은 북한의 정권이 소련이라는 외세의 힘을 빌려 공산주의국가를 수립하였다고 단정하였으므로, 이의 정통성을 결코 인정할 수 없었다. 그는 경제균등이라는 공산주의의 이상은 단번에 실현하기 어려우므로, 조선사회의 정세에 맞추어서 균등경제를 실현할 방책이 있는데, 소련에 들붙는 '사대주의적'인 공산주의체제는 '단연 불가'하다고 결연하게 말하였다.

안재홍은 설사 미군정의 대한정책에 불만을 품어 5·10선거를 거부한 사정을 이해한다 하더라도, 또 이승만 정권에 불만이 있음을 양해한다 하더라도, "남한은 전연 부인·배격함에 타당하되, 북조선 인민공화국은 전면적 지지 찬양"하여 월북한 민족주의자들에게 결코 동의할 수 없었다. 그는 월북하여 공산정권에 참여한 행위는 "민족 장래로 보거나 국제정세 현실을 보거나 갑자기 수긍할 수 없는" '부동적浮動的인 기회주의자의 태도'라고 강하게 비판하였다. 사실 이러한 격렬한 어조는 안재홍의 평소 논조로 보기 어려울 만큼, 꽤나 참기 어려운 분노를 반영하고 있다. 그는 "진정한 민주주의와 진보적인 민족주의를 포기하고 돌연 공산주의에 전환"한 일부 민족주의 인사들의 행동에 안타까움을 넘어서 배신감을 느꼈다.

셋째, 미·소가 대립하는 국제정세에서, 대한민국의 독립이 보장되기 위해서는 미국의 원조가 필수라는 친미의 사고방식에서 대한민국을 지지하였다. 안재홍은 소련이 한국과 인접한 강대국임을 인식하여 소련과도 선린우호善隣友好의 관계를 지속해야 한다고 주장하였지만 소련을 경계하였다. 그는 미국이 소련과는 전혀 다른 민주주의국가임을 믿었다. 따라서 미국의 "자본적資本的 제국주의가 조선을 식민지 노예화시킨다는 것"은 "수긍하기 어려운 바"라고 잘라 말하였다. 그는 미국에 무조건 추종한다면 독립주권을 방해받을 수 있다고 충고하였지만, "미국의 독립 원조와 민주주의 정치의 수립·옹호는 의심함을 요치 않는다."고 확언하였다.

넷째, 남북통일정부를 세울 수 없는 조건에서, 그렇다고 남한에 미군정이 마냥 연장되는 악조건을 또한 허락할 수 없는 민족문제에 직면하여, 대한민국은 "차선으로서의 민의에 기대는 자주적 정부가 되어야 할" 정통성을 지닌다고 인정하였다.

안재홍에게 대한민국의 정통성은 이미 획득·완성한 완료형이 아니라, 앞으로 확보해야 할 과제로서 미래형이었다. 다음 말은 앞으로 나아갈 그의 정치노선을 반영하고 있다.

> 남한의 진정한 민주주의 정부가 여행勵行되고, 그것을 기본으로 삼아 남북의 통일을 기획할 수 있는 까닭이나, 그러므로 현존現存 대한민국의 존재는 우선, 부인도 배격도 할 바 아니요, 요청되는 목표에 준해서 이를 지지 육성하는 것이 하나의 국민적 과업으로 되어 있다. 다만 대한민국의 정부가 그 수립 유래와 정부구성의 실제에서 덮어놓고 찬탄讚嘆 추수追隨할 조건으로 되어 있지 아니하므로 저절로 비판적 지지로 돌아 닿게 된

다. 비판적 지지란 것은 지지는 하여야 하겠는데 미흡한 부분 불가하게 움직이게 되는 점은 얼마든지 지적指摘 평정評定 또는 요구 관철하여 진정한 민주주의 정치가 되도록 만들자는 것이다.

안재홍은 대한민국 정부의 취약성을 분명하게 시인하였다. 그는 대한민국을 "지지 육성하는 것이 하나의 국민적 과업"이라 지적하면서, '진정한 민주주의 정부'를 세워 이를 기반으로 남북통일을 주도하여, 진정한 의미의 정통성을 확보하자고 주장하였다. 이는 대한민국이 민주역량을 키워 남북통일의 기반이 되어야 한다는 말이었다. 그리고 진정한 민주세력은 이러한 정통성을 확보하기 위하여 대한민국의 취약성을 보완하는 '비판적 지지'를 수행해야 한다고 충고하였다.

안재홍은 이승만 정권이 출범하는 순간부터 일당독재의 싹을 보았다. 아니, 이보다 앞서 이승만을 중심으로 독립촉성중앙협의회를 결성할 때부터 이승만의 독선·독단이 가져올 독재정치의 불행을 예견하였다. 이러한 우려는 예언이라기보다는 이승만을 제대로 알고 있는 사람들에게는 상식이었다. 안재홍이 양심 있는 민족세력에게 5·10선거에 참여하자고 호소한 이면에는, 이와 같은 민족사의 불행을 방지하려는 의지가 깔려 있었다.

5·10선거가 끝나고 대한민국 국회가 개원하자 안재홍은 민정장관직을 사임하였다. 6월 1일 그는 군정장관 딘 소장에게 사표를 제출하였고, 6월 8일 사표가 수리되자 퇴임성명을 발표하였다. 그가 성명에서 "군정부면軍政部面에 있어서의 일당전정적一黨專政的인 경향을 방지하면서 정치

의 민주화에 노력은 하였으나 투철한 성과를 못 본 것은 지극至極 유감이다."고 표명한 대목은, 이승만·한국민주당 계열의 극우 세력을 견제하지 못한 실책을 자인하는 뼈아픈 고백이었다. 그는 5·10선거에서 당선된 무소속 의원들이 이승만의 일당독재를 견제하기를 기대하였지만, 사실 이도 희망일 뿐이었다.

안재홍은 한성일보의 사장으로 언론에 복귀하였다. 그는 1946년 2월 재남조선대한국민대표민주의원在南朝鮮大韓國民代表民主議院에서 활동하는 동안 중도우파 성향의 『한성일보』를 창간하여 사장으로 취임하였으나, 1947년 2월 민정장관직을 수행하면서 한때 사임하였다가 복직하였다. 언론인으로 되돌아온 그는 국제정세를 날카롭게 통찰하며, 대한민국의 민주역량을 강화하기 위하여 '비판적 지지'의 임무를 감당하였다.

우선 안재홍은 이승만과 한국민주당(이승만을 추종하는)을 경계하였다. 비록 "이승만 박사가 애국 대선배임에는 틀림없지마는"이라는 전제를 깔았지만, 이승만을 강하게 비판하였다.

> 천성이 독단전제獨斷專制, 중의衆議와 첨의僉議치 못함도 하나요, … 즉 당파를 초월한다는 박사 자신 도리어 너무 파벌적이다. … 사태 이 같음은 국민에게도 그 책責 있으니, 평소 너무 최고 지도자에 대한 몰비판적이요 맹목적인 추종이 과당過當하였다. … 국회로서도 제헌의회에서부터 엄정한 자주적 추진을 떠나서 의장 개인의 후일의 의도를 충족케 하는 주비籌備에 「지당합니다」적 순종을 하다시피 한 것이니, …

민정장관을 사임한 뒤 한성일보 사장으로 서울중앙방송국에서 방송하는 모습(1948년 7월 13일)

안재홍이 이같이 특정인의 이름을 드러내놓고 비난하는 경우는 찾아보기 어려운 예다. 이승만의 독재정치가 이승만 자신의 그칠 줄 모르는 권력욕에다 추종자들의 과잉충성이 덧붙어 이루어졌음을 볼 때, 안재홍의 비판은 매우 정당하였다. 안재홍은 남한이 민주역량을 키우기는 커녕 독재정치의 기지로 전락하고 있음을 우려하며, 이를 방지하기 위하여 내각책임제와 양원제兩院制를 대안으로 제시하기도 하였다.

안재홍은 이승만 정권의 독재화를 막기 위해서, '재야당적在野黨的 민족주의 진영'이 대다수의 민중을 신민주주의 노선에 집결시켜, 정부를 향하여 '비판적 지지자'의 태도를 견지하는 시국수습책을 내 놓았다. 그리고 이것이 진정 대중들을 극좌의 유혹에서 차단하는 길이라고 설득하였다. 그가 말하는 '재야당적 민족주의 진영'은 이승만·한국민주당 계열을 제외한, 남북협상에 참여하고 5·10선거를 거부한 김구·김규식 계열 등 양심 있는 민족주의 우파·중도파를 가리켰다.

안재홍은 이승만 정부를 인정하고, 대한민국이 민주역량의 기지가 되어 남북통일을 주도하기를 기대하였다. 그러나 이승만 정권의 반민족성·반민주성은 8·15해방 후의 양대 과제라 할 수 있는 반민족행위자 처벌 문제와 토지개혁 문제에서 그대로 드러났다.

이승만은 외국군 철수와 평화통일을 주장하면서 「반민족행위처벌법」과 「농지개혁법」을 제정·시행하려는 소장파 국회의원을 정적으로 겨냥하여 제거하였다. 1949년 4월 국회프락치 사건을 조작하여 국회 안의 소장파 의원을 숙청한 뒤, 경찰로 반민특위 사무실을 습격케 한 이른바 6·6사건으로 반민특위를 좌절시켰다. 이는 마침내 6월 26일 이승만의 최대 정적이었던 김구가 암살당하는 사건으로 이어졌다. 급기야 이승만은 1949년 12월 「국가보안법」을 제정하여 좌익뿐만 아니라, 자신의 집권에 반대하는 모든 세력들을 제거할 유력한 무기를 확보하였다.

이러한 와중에서 해가 바뀌어 제2대 국회의원 선거인 1950년 5·30선거가 다가왔다. 이승만 정권의 독주를 견제하기 위해서는 민족의 양심 세력이 참여할 필요가 있었다. 안재홍은 고향인 평택에서 무소속 후보로 출마하였다. 선거 운동을 위한 자금도 절대 부족한 상태에서, 안재홍이 수사 당국에 구금되었다는 흑색 선전까지 퍼졌지만, 그는 뜻있는 자원봉사자들의 선거운동에 힘 입어 국회의원에 당선되었다.

한국전쟁기의 피난민들

안재홍은 1만 4,549표를 획득함으로써 9명의 후보들을 누르고 정계에 진출하였다. 이는 서울 성북구에 사회당으로 출마하여 조병옥을 제치고 전국 최다득표를 기록하며 당선된 조소앙의 선전, 또 중도좌파로 여운형과 함께 근로인민당을 이끌었던 장건상이 부산에서 무소속으로 출마하여 전국 2위의 표를 얻은 결과와 어울려 5·30선거가 남긴 쾌거였다.

조병옥은 미군정 시기 남조선 과도정부의 경무부장이라는 권력을 부리던 한국민주당의 핵심 인물이었다. 그는 애초 단독정부수립을 꾀하여 이승만 정권을 출발시키는 데 크게 공헌하였으나, 내각을 구성하는 데에서 한국민주당 계열이 소외당하자 민주국민당을 조직하였다(1949. 2. 10).

평양의 애국지사 묘역에 있는 '애국지사 민세 안재홍 선생지묘'가 눈에 덮여 있다.

1965년 3월 9일 서울 진명여고 삼일당에서 '유해 없이' 열린 '민세 안재홍 선생 추도식'

조소앙은 전국에서 가장 많이 득표함으로써, 이미 정계에 탄탄한 발판을 다져 놓은 조병옥을 압도하고 당선되었다. 조소앙·장건상·안재홍의 당선은 당시의 민심이 어디 있었는지를 그대로 보여주는, 사건 이상의 의미를 지닌 역사였다.

안재홍은 민주주의를 확립하고 평화통일을 달성할 목표를 갖고 제2대 국회의원에 참여하였다. 그러나 국회가 개원한 지 1주일도 되지 않아 한국전쟁이 일어났다.

6월 27일 저녁, 안재홍은 수행하는 청년 한 사람을 앞세우고 부인 김부례와 한강 다리까지 걸어 나왔다. 그는 경황 없는 중에도 친지들에게 사태가 급함을 알리다가 늦었고, 피난 인파에 이리저리 밀리다가 결국 다리를 건너지 못하였다. 그는 북한군에게 한동안 연금되었다 풀려나기도 하였지만, 끝내 9월 21일 정치보위부원에게 연행되었고, 자신의 돈암동 자택에 김용무·조소앙 등과 함께 연금되었다가, 9·28수복을 이틀 앞둔 9월 26일 납북되고 말았다.

안재홍이 납북된 후 그의 활동과 관련하여 몇 가지 소식이 전해오고 있으나, 확인하여 뒷받침하기에는 분명하지 않은 점들이 있으므로 서술하기 어렵다. 남북 교류가 순조롭게 진전된다면, 북한에서 그의 여생을 곧 알 수 있으리라 기대한다.

안재홍이 75세 되는 1965년 3월 1일, 평양방송을 인용한 동경 발 『합동통신』이 평양 시내 모 병원에서 민세 안재홍이 별세했다고 전했고, 다시 이틀 후인 3월 3일 『합동통신』은 홍명희를 위원장으로 한 장례위원회가 민세를 평양 근교에 매장했다고 전하였다.

'9차례 7년 3개월'의 옥고를 치르면서도 조국을 떠나지 않았던 '고절高節의 국사國士'는 우리 역사의 뜻깊은 날 마지막 숨을 거두었다. 그는 운명하는 순간까지도 이 땅의 민중에게 1919년 3월의 메시지를 전하고 싶었는가 보다.

1947년 3월 1일 3·1민족해방운동 기념식에서, 안재홍은 3·1민족해방운동을 가리켜 "그것은 합작을 생각할 필요도 없는 순정純正한 전민족적 운동"이었다고 평가하고, "다시 삼일정신, 즉 당파와 편견을 극복하고 민족혁명과 민족해방완성의 대의大義에 협동·합작"하자고 호소한 바 있었다. 그는 한민족이 '순정한 전민족 운동'으로 진정한 민주주의를 완성하고 민족통일을 완수하기를 간절히 갈망하며 3월 1일 눈을 감았다. 이는 그의 죽음을 추모하면서, 1919년 3월의 의미를 함께 기려 달라는 무언의 유언이었는지 모른다.

1989년 대한민국정부는 3·1민족해방운동기념일을 기하여 안재홍에게 건국훈장 국민장國民章을 추서追敍하였다.

안재홍의 생가에서 열린 "독립운동가 민세 안재홍선생 35주기 추도식"(200C년 3월 1일)

제1회 민세 학술 심포지움 '민세 안재홍의 신민족주의론' 행사를 마치고(2001년 11월 24일)

안재홍의 삶과 자취

1897	12월 30일. 경기도 진위군(현 평택군)에서 출생
1907	평택의 사립진흥의숙에 입학, 서울의 황성기독교청년회 중학부에 입학
1910	9월. 도쿄로 향발, 아오야마 학원에서 어학 준비
1911	9월. 와세다 대학 정경학부에 입학
1912	10월 27일. 도쿄에서 조선인유학생학우회 조직에 참여
1914	여름. 와세다 대학 정경학부를 졸업하고 귀국
1915	5월 4일. 중앙학교 학감이 됨
	10월. 조선산직장려계의 계원으로 참여
1917	중앙학교 학감 사임, 중앙기독교청년회의 교육부 간사로 재임
	대종교 신도가 됨
1919	5월. 서울에서 대한민국청년외교단 비밀조직에 참여하여 총무가 됨
	11월. 청년외교단 조직이 대구에서 발각되어 경상북도 경무국에 검거됨(제1차 옥고)
1921	5월. 징역 3년형 확정
1924	1월 중순. 연정회 구성 모임에 참여
	4월. 물산장려회 이사로 참여하여 토산장려의 논리를 폄
	4~6월. 언론집회압박 탄핵운동의 실행위원이 됨
	5월. 시대일보(사장: 최남선) 논설기자로 입사

9월. 조선일보(사장: 이상재)에 주필 겸 이사로 입사

1925 4월 15일. 조선기자대회에서 부의장에 피선됨(의장 : 이상재)

3월 23일. 흥업구락부의 창립회원으로 참여(부장 : 이상재)

9월 15일. 조선사정연구회 조직에 참여

11월 28일. 태평양문제연구회 조선지회 18인의 발기인, 7인위원회의 한 사람으로 참여

1926 3월 10일. 강달영의 주선으로 권동진·이종린·신석우 등과 모여 민족협동전선 문제를 토의

10월. 자치운동 조직을 조선민흥회에 알려 무산시킴

1927 1월. 신간회 발기인으로 참여

2월 21일. 신간회 총무간사회에서 조사연구부 간사로 선임

9월. 조선일보 주필로 발행인을 겸함

12월. 재만동포옹호동맹의 위원장에 피선

1928 1월. 『조선일보』 사설 「보석 지연의 희생」의 발행 책임으로 금고 4개월을 당함(제2차 옥고)

5월. 『조선일보』 사설 「제남사건의 벽상관」을 집필하여 금고 8개월을 당함(제3차 옥고)

1929 1월 출옥. 조선일보 부사장이 됨

3월. 조선일보사의 생활개신운동을 주도

7월. 조선일보사의 귀향남녀학생 문자보급운동을 주도

12월. 민중대회 사건으로 구속되었으나 연내에 기소유예됨(제4차 옥고)

1930 1월. 「조선상고사관견」을 『조선일보』에 연재

12월. 신간회해소론을 비판

1931 5월. 조선일보사 사장이 됨

10월. 만주동포조난문제협의회 조직에 참여하여 조사선전부 상무

에 피선

1932 1월. 민족단체통제협의회를 구성하려 하였으나 무산

3월. 만주동포 구호 의연금 유용 혐의로 구속(제5차 옥고)

11월. 징역 8개월을 선고받고 미결통산으로 출옥

1934 정인보와 『여유당전서』를 교열·간행하기 시작, 정약용 관련 논문 발표

1936 군관학교학생 사건으로 종로경찰서에 검거되어 2심 재판에서 2년 징역형을 받음(제6차 옥고)

1937 평택 두릉리에서 한국상고사와 관련한 저술을 시작

1938 5월. 흥업구락부 사건으로 서대문경찰서에 검거되어 3개월만에 석방됨(제7차 옥고)

1938 군관학교학생 사건에 징역 2년이 확정 다시 입옥(제8차 옥고)

1941 「조선통사」를 집필하기 시작

1942 12월. 조선어학회 사건으로 함경남도 홍원 경찰서에 수감됨(제9차 옥고)

1943 3월. 불기소로 석방

1944 가을. 일제의 패망에 대비하여 민족주의 조직을 결성하려 하였으나 실행치 못함

12월 상순. 일제 관원과 시국수습을 논의하는 자리에서 '민족자주'·'호양협력'·'마찰방지'의 3원칙을 제시

1945 5월. 조선총독부에 여운형과 함께 민족대회소집안을 제시

1945 8월 15일. 조선건국준비위원회 조직, 부위원장으로 참여

16일. 건국준비위원회 부위원장으로 「해내·해외의 삼천만 동포에게 고함」을 전국에 방송

9월 1일. 조선국민당을 결성하여 위원장이 됨

10월. 중경임시정부를 지지하면서 건국준비위원회를 탈퇴
20일. 「신민족주의와 신민주주의」를 탈고
23일. 이승만 중심의 독립촉성중앙협의회에 참여
24일. 민족주의정당인 국민당을 조직(중앙집행위원장)
12월 6일. 독립촉성중앙협의회의 전형위원으로 선정
30일. 신탁통치반대 국민총동원위원회의 부위원장 겸 중앙위원으로 선임

1946 2월 14일. 재남조선대한국민대표민주의원이 결성되어 대표의원으로 피선
18일. 한국독립당·국민당·신한민족당이 한국독립당으로 합동하고 성명서 발표
23일. 한국독립당의 중앙부서가 결정됨. 중앙상무위원 겸 훈련부장으로 선임
7월 8일. 좌우합작위원회의 우익 측 대표로 선정
10월 7일. 좌우합작위원회가 「좌우합작 7원칙」 발표, 이에 서명
12월 7일. 남조선과도입법의원 관선의원으로 피선
2월 5일. 민정장관에 임명, 10일 취임하여 성명을 발표
6월 2일. 안재홍 등 한국독립당의 국민당·신한민족당 계열의 중앙위원 89인이 미소공동위원회 참가를 표명하는 성명서를 발표
6월 7일. 한국독립당의 중앙위원에서 제명당함
21일. 신한국민당을 등록, 22일 동당의 중앙위원 겸 정책위원으로 선임
6월. 『조선상고사감』 상권을 서울 민우사에서 간행
9월 6일. 홍명희 등과 함께 7인 공동성명을 발표하여 민주독립당 창당에 앞장섬

	12월 20·21일. 민족자주연맹 결성식 거행
1948	4월. 『조선상고사감』 하권을 서울 민우사에서 간행
	5월. 남한만의 첫 국회의원 총선거에 민족주의 세력이 참가하자고 주장
	6월 8일. 민정장관 퇴임성명을 발표. 한성일보 사장으로 복귀
1950	5월. 제2대 국회의원 선거에 참여하여 평택구에서 무소속으로 당선
	6월 21일. 공산군 보위부 연행되어 납북
1965	3월 1일. 평양에서 75세로 별세

안재홍 관련 논저

- 民世安在鴻 著, 『韓民族의 基本進路』(朝洋社出版部, 1949. 5)
- 安在鴻選集刊行委員會 編, 『民世安在鴻選集』1~6(知識産業社, 1981. 6~2005. 8)
- 정윤재 외 공저, 『민족에서 세계로 - 민세 안재홍의 신민족주의론』(봉명, 2002. 7)
- 정윤재, 『다사리공동체를 향하여 : 민세 안재홍 평전』(한울, 2002. 12)
- 김인식, 『안재홍의 신국가건설운동(1944~1948)』(선인, 2005. 1)
- 韓永愚, 「安在鴻의 新民族主義와 史學」, 『한국독립운동사연구』제1집(독립기념관 한국독립운동사연구소, 1987. 8)
- 鄭允在, 「安在鴻의 해방전후사 인식과 "조선정치철학적" 처방」, 金榮國 外 著, 『韓國政治思想史』(博英社, 1991. 9)
- 정윤재, 「한민족 이상국가와 '다사리민주주의론'」, 『國際關係硏究』第6輯(忠北大學校 國際關係硏究所, 1993. 11)
- 이지원, 「일제하 안재홍의 현실인식과 민족해방운동론」, 『역사와 현실』제6호(역사비평사, 1991. 12)
- 鄭榮薰, 「安在鴻의 新民族主義理論」, 『정신문화연구』15권 3호(통권48호)(한국정신문화연구원, 1992. 9)
- 朴贊勝, 「1920년대 중반~1930년대초 민족주의 좌파의 신간회운동론」,

『韓國史研究』80(韓國史研究會, 1993. 4)

- 박찬승, 「일제하 안재홍의 신간회운동론」, 한국사연구회 편, 『근대 국민국가와 민족문제』(지식산업사, 1995. 5)
- 朴贊勝, 「1930년대 安在鴻의 民世主義論」, 『한국근현대사연구』제20집(한국근현대사학회, 2002. 3)
- 김인식, 「植民地時期 安在鴻의 左翼民族主義運動論」, 『白山學報』제43호(白山學會, 1994. 7)
- 金仁植, 「安在鴻의 新民族主義 思想과 運動」(中央大學校大學院 史學科 博士學位論文, 1998. 2)
- 김인식, 「안재홍의 신국가건설의 이념 – 신민족주의의 이념 정향」, 『한국민족운동사연구』20(한국민족운동사연구회, 1998. 12)
- 김인식, 「안재홍의 중도우파 노선과 민족국가건설운동」, 『한국민족운동사연구』39(한국민족운동사학회, 2004. 6)
- 박한용, 「안재홍의 민족주의론 – 근대를 넘은 근대?」, 『韓國史學報』제9호(高麗史學會, 2000. 9)
- 김명구, 「1920년대 부르조아 민족운동 좌파계열의 민족운동론 – 안재홍을 중심으로」, 『韓國史學報』제12호(고려사학회, 2002. 3)

기타 참고문헌

- 이균영, 『신간회연구』(역사비평사, 1993. 12)
- 박찬승, 『한국근대정치사상사연구 – 민족주의 우파의 실력양성운동론』(역사비평사, 1992. 1)
- 서중석, 「韓末·日帝下의 資本主義 近代化論의 性格」, 『한국근현대의 민족문제연구』(지식산업사, 1989. 5)
- 愼鏞廈, 「신간회의 창립과 민족운동과 해소」, 『한민족독립운동사』8(국사편

찬위원회, 1990. 12)

- 金相泰, 「1920~1930년대 同友會·興業俱樂部 硏究」, 『韓國史論』 28(서울大學校 人文大 國史學科, 1992. 12)
- 尹海東, 「日帝下 物産奬勵運動의 背景과 그 理念」, 『韓國史論』27(서울大學校 人文大 國史學科, 1992. 6)
- 金仁植, 「송진우·한국민주당의 '중경임시정부절대지지론'」, 『한국근현대사연구』제24집(한국근현대사학회, 2003. 3)

ㄹ

ㅁ

ㅂ

ㅅ

ㅇ

ㅈ

ㅊ

ㅋ

ㅌ

ㅍ

ㅎ

중도의 길을 걸은 신민족주의자 안재홍

1판 1쇄 발행 2006년 2월 20일
1판 4쇄 발행 2020년 8월 15일

글쓴이 김인식
기 획 독립기념관 한국독립운동사연구소
펴낸이 주혜숙
펴낸곳 역사공간
주소: 04000 서울특별시 마포구 동교로19길 52-7 PS빌딩 4층
전화: 02-725-8806
팩스: 02-725-8801
E-mail: jhs8807@hanmail.net
등록: 2003년 7월 22일 제6-510호

ISBN 978-89-90848-22-2 03900

역사공간이 펴내는 '한국의 독립운동가들'

독립기념관은 독립운동사 대중화를 위해 향후 10년간 100명의 독립운동가를 선정하여,
그들의 삶과 자취를 조명하는 열전을 기획하고 있다.

001 근대화의 선각자 – 최광옥의 삶과 위대한 유산
002 대한제국군에서 한국광복군까지 – 황학수의 독립운동
003 대륙에 남긴 꿈 – 김원봉의 항일역정과 삶
004 중도의 길을 걸은 신민족주의자 – 안재홍의 생각과 삶
005 서간도 독립군의 개척자 – 이상룡의 독립정신
006 고종 황제의 마지막 특사 – 이준의 구국운동
007 민중과 함께 한 조선의 간디 – 조만식의 민족운동
008 봉오동·청산리 전투의 영웅 – 홍범도의 독립전쟁
009 유림 의병의 선도자 – 유인석
010 시베리아 한인민족운동의 대부 – 최재형
011 기독교 민족운동의 영원한 지도자 – 이승훈
012 자유를 위해 투쟁한 아나키스트 – 이회영
013 간도 민족독립운동의 지도자 – 김약연
014 대한민국 임시정부의 민족혁명가 – 윤기섭
015 서북을 호령한 여성독립운동가 – 조신성
016 독립운동 자금의 젖줄 – 안희제
017 3·1운동의 얼 – 유관순
018 대한민국임시정부의 안살림꾼 – 정정화
019 노구를 민족제단에 바친 의열투쟁가 – 강우규
020 미 대륙의 항일무장투쟁론자 – 박용만
021 영원한 대한민국임시정부의 요인 – 김철
022 혁신유림계의 독립운동을 주도한 선각자 – 김창숙
023 시대를 앞서간 민족혁명의 선각자 – 신규식
024 대한민국을 세운 독립운동가 – 이승만
025 한국광복군 총사령 – 지청천
026 독립협회를 창설한 개화·개혁의 선구자 – 서재필
027 만주 항일무장투쟁의 신화 – 김좌진
028 일왕을 겨눈 독립투사 – 이봉창
029 만주지역 통합운동의 주역 – 김동삼
030 소년운동을 민족운동으로 승화시킨 – 방정환
031 의열투쟁의 선구자 – 전명운
032 대종교와 대한민국임시정부 – 조완구
033 재미한인 독립운동의 표상 – 김호
034 천도교에서 민족지도자의 길을 간 – 손병희
035 계몽운동에서 무장투쟁까지의 선도자 – 양기탁
036 무궁화 사랑으로 삼천리를 수놓은 – 남궁억
037 대한 선비의 표상 – 최익현
038 희고 흰 저 천 길 물 속에 – 김도현
039 불멸의 민족혼 되살려 낸 역사가 – 박은식
040 독립과 민족해방의 철학사상가 – 김중건
041 실천적인 민족주의 역사가 – 장도빈
042 잊혀진 미주 한인사회의 대들보 – 이대위
043 독립군을 기르고 광복군을 조직한 군사전문가 – 조성환
044 우리말·우리역사 보급의 거목 – 이윤재
045 의열단·민족혁명당·조선의용대의 영혼 – 윤세주
046 한국의 독립운동을 도운 영국 언론인 – 배설
047 자유의 불꽃을 목숨으로 피운 – 윤봉길
048 한국 항일여성운동계의 대모 – 김마리아
049 극일에서 분단을 넘은 박애주의자 – 박열
050 영원한 자유인을 추구한 민족해방운동가 – 신채호

051 독립전쟁론의 선구자 광복회 총사령 – 박상진

052 민족의 독립과 통합에 바친 삶 – 김규식

053 '조선심'을 주창한 민족사학자 – 문일평

054 겨레의 시민사회운동가 – 이상재

055 한글에 빛을 밝힌 어문민족주의자 – 주시경

056 대한제국의 마지막 숨결 – 민영환

057 좌우의 벽을 뛰어넘은 독립운동가 – 신익희

058 임시정부와 흥사단을 이끈 독립운동계의 재상 – 차리석

059 대한민국임시정부의 초대 국무총리 – 이동휘

060 청렴결백한 대한민국 임시정부의 지킴이 – 이시영

061 자유독립을 위한 밀알 – 신석구

062 전인적인 독립운동가 – 한용운

063 만주 지역 민족통합을 이끈 지도자 – 정이형

064 민족과 국가를 위해 살다 간 지도자 – 김구

065 대한민국임시정부의 이론가 – 조소앙

066 타이완 항일 의열투쟁의 선봉 – 조명하

067 대륙에 용맹을 떨친 명장 – 김홍일

068 의열투쟁에 헌신한 독립운동가 – 나창헌

069 한국인보다 한국을 더 사랑한 미국인 – 헐버트

070 3·1운동과 임시정부 수립의 숨은 주역 – 현순

071 대한독립을 위해 하늘을 날았던 한국 최초의 여류비행사 – 권기옥

072 대한민국임시정부의 정신적 지주 – 이동녕

073 독립의군부의 지도자 – 임병찬

074 만주 무장투쟁의 맹장 – 김승학

075 독립전쟁에 일생을 바친 군인 – 김학규

076 시대를 뛰어넘은 평민 의병장 – 신돌석

077 남만주 최후의 독립군 사령관 – 양세봉

078 신대한 건설의 비전, 무실역행의 독립운동가 – 송종익

079 한국 독립운동의 혁명 영수 – 안창호

080 광야에 선 민족시인 – 이육사

081 살신성인의 길을 간 의열투쟁가 – 김지섭

082 새로운 하나된 한국을 꿈꾼 – 유일한

083 투탄과 자결, 의열투쟁의 화신 – 나석주

084 의열투쟁의 이론을 정립하고 실천한 – 류자명

085 신학문과 독립운동의 선구자 – 이상설

086 민중에게 다가간 독립운동가 – 이종일

087 의병전쟁의 선봉장 – 이강년

088 독립과 통일 의지로 일관한 신뢰의 지도자 – 여운형

089 항일변호사의 선봉 – 김병로

090 세대·이념·종교를 아우른 민중의 지도자 – 권동진

091 경술국치에 항거한 순국지사 – 황현

092 통일국가 수립을 위해 분투한 독립운동가 – 김순애

093 불법으로 나라를 구하고자 한 불교인 – 김법린

094 독립공군 육성에 헌신한 대한민국임시정부 군무 총장 – 노백린

095 불교계 독립운동의 지도자 – 백용성

096 재미한인 독립운동을 이끈 항일 언론인 – 백일규

097 재중국 한국인 아나키스트운동의 실천적 지도자 – 류기석

098 대한민국임시정부의 후원자 – 장제스

099 우리 말글을 목숨처럼 지킨 – 최현배